NOUVELLE

CLASSIFICATION

DES

MONUMENS CELTIQUES

DES ENVIRONS

DE FALAISE,

Cités en tête des RECHERCHES HISTORIQUES sur l'antiquité de cette ville, édition de 1814.

ET

SUPPLÉMENT A CES RECHERCHES,

PAR L'AUTEUR.

A FALAISE,

Chez BRÉE l'aîné, Imprimeur du Roi, Place Trinité.

M. D. CCC. XXVI.

Ordre à suivre dans la distribution des feuilles.

1º. Aux 4º. et 5ᵉ. cahiers préliminaires, contenant des notes sur les Druides, et sur leurs monumens, on substituera les quatre cahiers, 4, 5, 6, 7, de notes, ci-joints, mieux classifiés, commençans, page xxxiij, par ces mots : étant le même,

2º. A la suite de la page 496 des Recherches historiques, on intercalera le cahier d'additions et corrections dans le milieu du dernier cahier, entre cette page et la table.

Enfin, on imprimera séparément, (en même format, grand in-12), la *Falaisienne*, chanson historique, avec notes, en un seul cahier qu'on pourra, si l'on veut, ajouter à la suite des Recherches, ou le garder à part.

Nota. Lorsque ces feuilles seront ainsi distribuées, chacune au lieu qui lui convient dans le volume, on supprimera ce feuillet frontispice de renseignement, comme inutile.

étant le même que celui du roc sur lequel elle
est bâtie, qui, en langue Celtique, s'appelle
pareillement Falaise, ce nom lui resteroit
toujours.

Ainsi, le nom d'office de la consécration
de Falaise fut mis à couvert sous celui de son
rocher; et c'est par ce rapport que cette ville
a conservé le nom mystérieux d'*Isis*, qui
signifie la terre, et celui de *phalos*, qui signifie
la lumière du soleil et la clarté de la lune,
lesquels méritent bien plus qu'un rocher le
nom de luminaires de la terre.

Les personnes pieuses ne doivent point
s'offenser de ces noms de divinités payennes,
non plus que des quatre couleurs élémen-
taires dont nos quatre paroisses sont déco-
rées, ni des trois couleurs primitives qui
désignent la très-sainte Trinité, de même
que des noms de lundi, jour de la Lune;
mardi, jour de Mars; mercredi, jour de
Mercure; jeudi, jour de Jupiter; vendredi,
jour de Vénus. Car de tous les jours de la
semaine, on n'a changé que le nom du jour
de Saturne (*dies Saturni*) en samedi, ou jour
du Sabbat; et le nom du jour du Soleil (*dies
Solis*), en Dimanche ou jour du Seigneur.

Si tous ces débris de l'antiquité subsistent
encore, si même on observe quelques céré-
monies instituées par les fondateurs et pon-
tifes payens, ce ne sont plus que des signes
vides, dont on a détourné la destination première, pour les appliquer à des choses plus
parfaites, plus spirituelles et plus dignes de
notre attention et de nos hommages.

Un auteur de nos jours, M. Dupuis, soutient que les signes célestes, le cours des astres

et les quatre saisons de l'année sont le fondement de la religion chrétienne. Il cite à son appui Julien l'Apostat, qui prétendoit que le Christ et le Soleil étoient le même. On peut lui repondre :

Julien ! si le Soleil et le Christ sont le même,
En combattant le Christ tu détruis ton système.

Les corps célestes sont autant de machines que Dieu a créées et construites pour servir à une infinité d'êtres vivans. L'homme, son dernier ouvrage visible, doué d'une âme et d'un génie capables d'atteindre aux plus hautes connoissances, est forcé d'admirer le bel ordre qui règne dans les cieux. Mais, lorsqu'il n'est pas aveuglé par les passions, il reconnoît que l'auteur de tous ces corps mérite par préférence notre admiration, notre reconnoissance et nos hommages. La religion des chrétiens et celle des patriarches, fondées sur cette vérité, ne se confondront jamais avec celle des adorateurs du triple globe, de l'armée des constellations, ni du dragon à sept têtes composé de sept planètes.

NOTES SUR LES DRUIDES,

Et nouvelle classification des monumens Cel-
tiques des environs de Falaise, 1826.

L'ORIGINE des Druides, qui date d'environ
1500 ans avant l'ère chrétienne, est d'autant
plus obscure, qu'ils ne nous ont laissé que
des roches symboliques pour nous instruire.
Celles de nos pays sont plus brutes, celles
des autres le sont moins; d'où je pense qu'ils
parurent d'abord dans notre Gaule Armorique septentrionale, où l'on voit assez fré-
quemment d'anciens monumens de leur
culte et de leur science, mais grossiers, et
dont la plupart paroissent, au premier coup
d'œil, insignifians. Ils choisirent les hommes
les plus intelligens du pays, se les associè-
rent, et les instruisirent, avec un grand
mystère, de toutes les sciences Chaldéennes,
Egyptiennes, Phéniciennes, Grecques, Ara-
biques, et de tous les arts connus dans ces
temps reculés.

Les uns passèrent dans les îles de la
Grande-Bretagne, d'Anglesey, d'Irlande et
d'Ecosse. On y voit, comme dans nos pays,
plusieurs monumens de leur culte et de leur
science occulte, mais beaucoup moins brutes
que les nôtres, et beaucoup plus variés.

Les autres s'étendirent dans le reste de
la Gaule, et fondèrent un collége vers Char-
tres, dans les environs de Dreux, où se tenoient, chaque année, quelques jours avant

l'équinoxe du printemps, les assemblées générales de la nation, afin de délibérer sur la paix et la guerre. Alors, la sixième nuit de la lune, époque où cet astre a déjà assez de forces, et ne paroît pas encore à moitié de sa grandeur, ils coupoient, avec une serpe d'or, le gui de chêne qu'ils distribuoient au peuple. C'étoit toujours la sixième lune que commençoient leurs mois, leurs années et leurs siècles, qui étoient de trente ans. *Plin. Liv. 16. Chap. 44.*

César, *Liv. 6, de la Guerre des Gaules,* ajoute que leur année commençoit au solstice d'hiver, la sixième nuit de la lune, à mi-nuit. Il paroît qu'à cette époque les Druides distribuoient le gui au peuple, criant : *Au gui l'an neuf.*

Avant de couper le gui, les Druides écri-voient sur le plus beau chêne qui portoit cette plante parasite, le nom de leurs quatre grands dieux : *Theut, Esus, Taranis, Bélé-nus.* Theut étoit leur dieu par excellence.

Les Grecs les Celtes et les Latins expri-moient le nom de Dieu par *Thé* ou par *Dé.* Les premiers le terminoient en *os* (*Thé-os*); les Celtes en *ut* (*Thé-ut*), par contraction, *Theut;* et les Latins en *us* (*Dé-us*).

Les Druides étoient chefs de la religion, excommunioient les profanes, désignoient les victimes pour les sacrifices, immoloient quelquefois des victimes humaines, préten-doient guérir les maladies par des amulettes et par des enchantemens composés de noms mystiques du soleil, de la lune et de la terre. Ils n'élevoient point de temple à la di-vinité, convaincus que l'univers entier n'est

pas même capable de la contenir. Ils lui
élevoient seulement des autels, qui étoient
en grand nombre dans nos forêts. Souvent
une roche remarquable étoit à leurs yeux
le symbole de quelque divinité, telle que la
triple roche dédiée (sous la protection de
THEUTATÈS) au triple globe du soleil, de la
lune et de la terre, située à l'entrée de l'enceinte religieuse sacrée, actuellement le
château de Falaise, dont la plus haute,
approchant du carré oblong (parallélipi-
pède), fut renversée, en 1810, au pied des
deux autres, par les écoliers du collége
établi depuis 1805, dans une partie de ce
château. *Voyez les dimensions de cette roche,
pages 17 et 18 des Recherches historiques sur
Falaise.* Elle fut enfouite vers 1820, près du
lieu de sa chûte ;

Et ce vaste gouffre, au milieu de cette
enceinte, creusé dans un roc, partie dur,
partie schisteux, c'est-à-dire, facile à s'ex-
folier, profond de plus de cent pieds, d'un
diamètre d'environ dix-huit à vingt pieds,
au fond duquel passe un courant d'eau
limpide ;

Et la haute roche horizontale qui servoit
d'autel aux Druides, et dont il ne nous reste
plus que l'entablement (appelé Cordelier
sans tête), qui se voit encore à la pointe
occidentale triangulaire de cette enceinte ;
sur un précipice nommé Gouffern. (La base
de ce triangle, appuyée contre le mur de
l'édifice en avant du donjon carré, est longue de vingt-cinq pieds; la pointe un peu
tronquée à cause de l'entablement, est distante du mur de dix-neuf pieds);

Et la grotte de Mercure Theutatès, au pied de ce précipice, sous un vaste roc, profonde de sept pieds, jadis haute d'environ six pieds, ouverte sur le fleuve d'Ante, de toute sa longueur de quinze pieds, mais actuellement fermée, servant de loge aux animaux de basse-cour ;

Et de l'autre côté du précipice, près du sommet de Mont-Mirat, *Mons mirabilis*, au haut de son côteau méridional, l'étonnante, longue, et triple roche (vraie falaise), tristement et presque horizontalement inclinée vers le midi, pour nous avertir de la terrible catastrophe arrivée à la terre, au soleil et à la lune, il y a près de quatre mille ans.

Et à quelques pas de là, aussi vers le midi, la superbe roche Polygone qui s'élève majestueusement dans les airs, épaisse, en tout sens, d'environ douze pieds ou de quatre mètres foibles (1) solidement assise sur

---

(1) Cette roche n'est point de Mercure, n'étant pas fourchue, ou de deux couleurs, ou composée de deux pyramides. Elle n'est point de la terre, n'étant pas cube. Elle n'est point du soleil, n'étant pas une pyramide. Mais elle est de la lune (Fele); car, taillée en forme polygone, elle représente ses diverses phases.

Ordinairement on distingue quatre phases principales de la lune, 1°. lorsqu'elle est pleine de lumière vers la terre, et nous la voyons toute entière ; (alors, suivant les péripatéticiens, elle est chaude et sèche); 2°. lorsqu'elle est pleine vers le ciel, alors elle est toute cachée à nos yeux ; (froide et humide); 3°. lorsqu'elle est pleine vers l'occident, et nous n'en voyons que la moitié occidentale ; (premier quartier chaud et humide) ; 4°. lorsqu'elle est pleine vers l'orient, et

un bloc vertical de roches énormes, appellée la roche aux loups, parce qu'elle est entourée de six fortes roches fondamentales qui, à la manière des loups (dont l'usage

---

nous n'en voyons que la moitié orientale; (dernier quartier froid et sec).

Ces quatre phases ont donné lieu à la table carrée des anciens platoniciens et pytagoriciens.

Les péripatéticiens la divisoient en cinq ou six aspects différens. « Maintenant, disoient-ils, elle est au » point de son élévation, que les Arabes nomment » *Auge* : maintenant, elle est abaissée : maintenant, » à l'extrémité de son épicycle, elle s'en éloigne : » maintenant elle est pleine de lumière : tantôt elle » est démie; tantôt à peine la peut-on voir, et puis » elle est toute cachée. »

Les anciens la divisoient encore en divers autres aspects, suivant leurs différens systêmes, et ils avoient vaste carrière à exercer leur imagination ; car, à nos yeux, elle change chaque jour d'aspect et de figure, ce qui seroit trop long de nombrer ici. (Voyez le volume in-folio de l'harmonie du monde, traduit en françois du latin de Fr.-Georges Venitien, par Guy le Febvre de la Boderie. Paris, chez Macé, 1579, p. 149).

Les Druides et beaucoup d'autres, regardoient la lune dans sa force lorsqu'elle étoit parvenue à son sixième jour.

Quant aux divisions solaires, les Grecs ne les compensoient pas plus exactement que les péripatéticiens ne compensoient les lunaires. D'abord, chaque mois, chez eux, étoit de trente jours, et se divisoit en trois dixaines, ou décades de jours, et même en six demidécades. Les douze mois de l'année composoient 360 jours (auxquels répondoient les 360 degrés du cercle). Restoient environ cinq jours complémentaires, et un foible quart, (et cinq degrés de cercle, plus un foible quart), qui n'entroient point dans leur calcul. Mais les degrés linéaires ont été refondus et compensés entre eux, vers 1792, par nos savans, qui ont ajouté proportionnellement une fraction de degré

est d'aller à la suite l'un de l'autre) s'entre
suivent en demi-cercle dont les deux extrémités touchent le bord du précipice.

Au dessous de cette roche polygone , au
pied du précipice, en tête du faubourg de
la Roche , vers le midi, sur la ruelle tendant de ce faubourg à divers lieux situés
sous les rochers, on voit une grotte de Theutatès taillée dans le roc, actuellement beaucoup diminuée de profondeur, depuis que
l'un des bancs de roches qui la recouvroit
a été enlevé pour la commodité et la sûreté
des passans.

Ces monumens annoncent un temple ancien dédié aux dieux de nos anciens Gaulois.

En effet, la platte forme qui couronne le
sommet de Mont-Mirat, étoit une enceinte
religieuse druidique, longue de trois cents
pas ordinaires (y compris le chœur), et
large de cent vingt ; à la suite de laquelle,
vers l'occident, étoit un ancien camp, de
forme carrée, long de deux cent quatre-vingts
pas, large à peu-près de deux cent vingt,
appartenant à la ville de Falaise ; borné,
vers le midi, par la chaîne de rochers du
bourg Alouvi, dont nous allons parler ; vers
le nord, par le chemin de Noron à Falaise ;
vers l'orient, au-delà de son fossé, par la-

à chacun des 360 degrés anciens ; quant à la compen-
sation des jours, il étoit impossible de commander à
la terre de retarder un peu , chaque jour, sa marche,
au point de ne faire , autour du soleil, que 360 jour-
nées par an.

dite enceinte ; et vers l'occident , au-delà de son autre fossé, par la bruyère de Noron. Ces deux fossés , avec leurs crêtes, étoient encore bien formés en 1786.

En tête de l'enceinte religieuse de Mont-Mirat , vers l'orient, étoit le chœur sacré , long de cent pas , séparé du précipice oriental par l'alignement de la triple roche inclinée , voisine de la roche polygone dont nous avons parlé ; et vers l'occident , séparé du reste de l'enceinte religieuse par plusieurs grosses roches rangées en ligne demi-circulaire, dont la première , monumentale depuis sa base jusqu'à son sommet , distante d'environ cent, au plus cent dix pas de la triple roche dont nous venons de parler , surpasse en hauteur toutes celles de la chaîne de rochers de Mont-Mirat. Les autres roches de séparation ont été cassées , excepté deux, dont l'une est voisine de cette première, et l'autre à peu-près cube et très-massive, se voit plus bas, en descendant vers le nord-est.

Dans ce chœur on voyoit beaucoup de roches singulières ; l'une en forme de triangle, l'autre cube, l'autre parallelipipède, d'autres représentoient des quarts de cercle , des cônes, des rhombes , &c. Sans parler de la table du grand autel , roche unie à sa surface, un peu inclinée vers l'orient, épaisse de quatre pieds et demi de pied de roi, large carrément d'environ douze pieds , arrondie aux quatre angles , appuyée sur trois roches fondamentales disposées en forme de pied de rechaud, qui l'élevoient de terre d'une demi-coudée au plus.

Elle fut brisée en 1811, avec un grand nombre de roches ses voisines, pour bâtir à pierre sèche un mur ou talus voisin, sur le précipice *nord-est* de ce Mont, appelé le Pendant, et il n'en reste plus à notre génération que la mémoire. (1)

Toutes ces figures, quoique grossièrement taillées, étoient, aux yeux des Druides, des images de constellations, et leur servoient, en même-temps, de monumens religieux et de modèles d'instrumens de mathématiques pour instruire leurs disciples. Mais les adeptes, les grands maîtres, ne se bornoient pas à cette simple étude. Ils levoient les yeux vers la milice céleste des constellations,

____

(1) M. Beaumont, casseur de roches et paveur, (dont nous parlerons à la suite de ces notes, dans un verbal concernant une hache celtique de silex étranger, trouvée dans le champ Cosnard, au dessous de cette enceinte), nous a avoué qu'après avoir cassé la table d'autel, sur le Mont-Mirat, il avoit creusé à cette place, une fosse profonde de 4 à 5 pieds, telle qu'on la voit encore, espérant ý trouver une hache d'or semblable à celle qu'un de ses confrères avoit trouvée sous un monument semblable, à Saint-Quentin-de-la-Roche, à deux lieues, *nord*, de Falaise. Mais, le temple de Mont-Mirat, qui date du temps des haches et cognées de silex à main, lesquels n'avoient point d'œil pour y adapter un manche, est beaucoup plus ancien que celui de Saint-Quentin-de-la-Roche, qui date du temps des haches de cuivre, d'or ou d'autre métal, même de silex à manche.

Il est bon d'observer, avec les naturalistes qui ont fait des recherches sur les minéraux de Normandie, que la roche de Saint-Quentin est de beaucoup de siècles plus jeune que celle de Mont-Mirat et de ses environs, telle que du bois de Vaux, etc., dont le quartz est aussi dur que le diamant.

pour y trouver les ligues et les figures par excellence qui servoient à leur science et à leur religion ; convaincus que tous les objets sublunaires se trouvent, en grand, représentés dans les cieux ; et que tout ce qui est dans les cieux se trouve, en abrégé, dans le corps humain. (1)

Le long du bord méridional de ce chœur, sur précipice, on trouve encore plusieurs roches figuratives. Entre autres, à cinquante pas de la triple roche longue, inclinée, voisine de la roche polygone, en allant vers l'occident, le long du sommet de la chaîne de rochers de Mont-Mirat, la forte roche haute d'Esus, dont la tête inclinée vers le sud-ouest, représente grossièrement une tête de lion ; roche située au dessus du vestibule de Theut-Taranis-Esus, trois noms compris, en abrégé, dans celui de *Theutatès.* (2)

Et vingt pas plus loin, sur la même ligne, au-dessus d'une double grotte, située sous le bout occidental du vestibule, de Theutatès, la roche haute, fourchue de *Theut* (Mercure), roche funeste, dont l'un des deux sommets s'écarte, vers le *nord-est*, en

---

(1) Le grand monde, qui est l'univers, se nomme *Macrocosme* ; et le petit monde, concentré dans le corps humain, se nomme *Mycrocosme.* Les anciens, en effet, croyoient que le corps humain renfermoit en lui l'abrégé de tout ce qui existe dans l'univers.

(2) Les noms de nature de Theut, Taranis, Esus, étoient toujours le même Mercure, tantôt dieu du tonnerre, tantôt dieu des combats ; et les Gaulois le représentoient sous différentes formes de roches, suivant la qualité qu'ils lui attribuoient.

forme de cône, et l'autre, vers le *sud-ouest*, en forme de carreau applati, assis angulairement, au haut du précipice, sur une pille presque verticale d'autres roches, et qui forme, depuis son enfourchement jusqu'à son sommet dirigé obliquement vers le ciel, un angle ouvert d'environ quarante-cinq degrés (demi-quart du cercle), au-dessus de l'horizon, dans la direction d'un foudre tombant. (1)

Et vingt pas plus loin, sur la même ligne, (à une foible distance de la haute roche qui sépare le chœur du reste de l'enceinte religieuse), un groupe de rochers sur lesquels est assise une roche à peu près polygone, de médiocre grosseur, ne signifiant rien aux yeux du spectateur qui la considère du haut de cette plate forme ; mais, lorsqu'il est descendu sur le pré du vallon de Mont-Mirat, au-dessous de la double grotte, le spectacle devient imposant ! On voit la roche funeste de Theut soutenue comme par trois têtes d'animaux ; et à vingt pas de chaque côté les deux blocs de roches fondamentales, celui d'*Esus*, terminé par une tête de lion tournée vers la roche funeste, et celui de *Taranis*, qui, vers le haut, représente aussi une tête d'animal quadrupède, tournée,

____

(1) Un docteur anglais croit que les roches situées de cette manière, et au-dessous desquelles il y a deux grottes l'une sur l'autre, telles qu'il s'en trouve sous celle-là, étoient des autels sur la pointe desquels on immoloit des victimes humaines. Nous expliquerons ces deux grottes à l'article de la gallerie des équinoxes, ou elles se trouvent.

ainsi

ainsi que celle d'*Esus*, vers cette même roche funeste. (1)

Et quatre cents pas plus loin, à partir de la roche haute de Taranis, toujours vers l'occident, le long du sommet de la chaîne de rochers qui borne le camp vers le midi, au-dessus du bout oriental du jardin du bourg *Alouvi* ci-après désigné, sur une plate-forme de roches en précipice, est assise et jointe une table d'autel, d'une roche brute, massive, épaisse, vers l'occident, de quatre pieds et demi, dont la surface quadrangulaire est large de cinq à six pieds, d'occident en orient, et longue de dix, du septentrion au midi. La plate-forme, qui lui sert de degré, composée de trois tables de roches unies, longues de dix pieds, larges d'environ trois à quatre pieds chacune, s'avance vers l'occident. On aborde cette plate-forme du côté *nord* seulement, les autres côtés sont sur précipice. A quel usage étoit destiné cet autel ? Je n'ose le décider. Toutefois, le dessus de la table et la plate-forme sont inclinés vers le *sud-ouest*, ce qui devoit incommoder le célébrant, lorsque le sang des victimes couloit.

Cent quarante pas plus loin, sur la même ligne, à l'autre bout de ce jardin, en tête du fossé occidental du camp, se présente une roche multiple, assez singulière, qui,

____

(1) On prétend que les deux chérubins cités dans le livre de l'exode de Moïse, ch. XXV, v. 18 et 22, et dans le livre des nombres, ch. VII, v. 89, ainsi que ceux du temple de Salomon, qui étoient, l'un à droite de l'autel, l'autre à gauche, avoient aussi la figure d'animaux quadrupèdes.

considérée du côté de l'occident et du *sud-ouest*, se termine en cône, dont le sommet est un triangle, assis sur divers triangles tronqués, ce qui les rend quadrilatères à angles inégaux, en forme de cônes. Ce triangle, considéré du côté septentrional, devient tronqué lui-même et semblable à ces derniers. Que signifioit ce groupe? c'est un problême à résoudre.

Temple équinoxial de Mercure revivifiant.

A l'entrée du vallon méridional du côteau de Mont-Mirat, vrai panthéon de nos anciens Celtes, dans la galerie des équinoxes, au-dessous de la superbe roche polygone, on voit la forte roche cube de la terre, d'un diamètre de douze pieds sur tout sens; couronnée comme d'une espèce de pan de muraille, et surmontée (entre elle et la roche polygone) par une vaste double roche de Mercure.

Et plus loin dans cette même galerie, à soixante-dix pas de cette roche couronnée (vers l'occident), au-dessous de la roche haute funeste de Théut, et de celles d'Esus et de Taranis, que nous avons décrites, on voit deux grottes l'une sur l'autre. L'une inférieure, au rez-de chaussée (ou niveau du passage), ouverte vers le midi, presque carrée, haute et profonde de six pieds de roi, large de cinq à l'entrée, non compris le vestibule, mais, au fond seulement, large de trois pieds. Elle est composée de trois autres rochers subalternes de Théut, d'Esus et de Taranis, mais réunis. Le premier, vers l'occident, celui d'Esus, dieu des combats, présente grossièrement la forme d'une vaste tortue, dont la tête inclinée vers l'occident, est élevée de dix à onze pieds de terre ; le second, vers l'orient, celui de Theut ou Mercure, en forme de pan de muraille, à double sommet un peu fourchu, appuyée, vers le haut, sur le devant, contre la protubérance du premier ; le troisième, celui de Taranis, aigu, tombant de pic, et suspendu, dans le fond, entre les deux autres, et sa pointe descend presque jusqu'à terre. (1)

L'autre grotte, au dessus, dont l'entrée est tournée vers le sud-est, un peu plus grande que la première, est recouverte d'un assez vaste rocher, élevé presque horizon-

---

(1) Les roches de Taranis dieu du tonnerre, et d'Esus, dieu des combats, sont représentées d'une autre manière, près de la haute triple roche du Père de Famille, à Saint-Clair, près de Vaux, à une demi-lieue, *sud-est*, de Falaise. La première, près de cette triple roche, vers l'orient, est une forte roche pyramidale, suspendue, la pointe en bas, entre deux autres pyramidales de Mercure ; la seconde est une belle roche d'Esus, en avant, vers le midi, sur laquelle on remarque, en relief grossier, vers le haut, une bouche entr'ouverte, et au dessous, une ébauche de bouclier. On voit ces roches à l'orient de la grande route de Falaise à Argentan, avant de descendre dans le fond du hameau de Saint-Clair.

Les prétendus sorciers de la diablerie de Falaise et de sa banlieue, il y a environ soixante ans, à minuit, cassèrent, avec de petits marteaux d'acier pointus, tout neufs, un côté de la tête de la roche du Père de Famille, qui, vue de loin, a l'air de couvrir de son manteau deux autres roches, l'une à sa droite, l'autre à sa gauche, qui lui sont contiguës. Mais, ils eurent beau battre cette tête, le diable ne vint point multiplier l'argent qu'ils y avoient apporté.

talement, à six pieds de l'aire de son terrein, solidement appuyé, d'un côté, sur le
rocher en forme de tortue, et de l'autre, sur
un échafaudage de roches placées là pour le
soutenir. Cette seconde grotte, située sous le
bout occidental de la galerie de Theutatès,
est munie d'un soupirail vers le fond, comme
celle du bois de Vaux, dont nous allons
parler à son article.

Et, cent trente pas plus loin, allant toujours vers l'occident, on voit, proche de
cette galerie, une vaste roche monumentale,
carrée, faite en forme de table ou de tombe,
longue de douze pieds, épaisse de deux,
large de six, élevée et assise verticalement
sur côte, en face du *sud-ouest* (occident du
solstice d'hiver), et qui, je crois, signifie
l'ouverture des tombeaux et la résurrec-
tion des morts.

Et trois cent cinquante pas plus loin, toujours allant vers l'occident, dans le même
côteau méridional, le hameau appelé *bourg
Alouvi*, (en latin, *vicus à Lupis*) ; c'est-à-
dire, bourg ou village, à la suite des rochers
qui sont à la file les uns des autres, à la
manière des loups, et qui, chez nos anciens
Celtes, représentoient l'armée céleste des planètes, des étoiles et des signes du zodiaque,
qu'ils appeloient également loups. (1)

____

(1) Autant les Egyptiens, les Grecs, etc., avoient
de respect pour les loups (en grec *Lycoï*), dont ils
donnoient le nom aux principaux astres, ainsi qu'à
leurs femmes, *Lyconis;* à leur ville de *Lycopolis;* à
la série de leurs sciences, *Lycée;* autant les adorateurs
du vrai Dieu regardèrent ces animaux avec horreur,

Et cinq cents pas plus loin, dans la même chaîne de rochers, presque au haut du côteau, en face du midi, sous la bruyère de Noron, cet antre Druidique, appelé maison des Fées, (1) profond de vingt-quatre pieds, dont l'entrée, haute de neuf pieds, large de six, beaucoup plus grande que la galerie, est composée de deux énormes roches qui se joignent presque à leur sommet, recouvert d'une plate-forme large d'environ douze pieds carrés, sur laquelle est assise une belle roche pyramidale carrée, haute de onze pieds de roi, large à chaque face de sa base, d'environ cinq pieds, terminée presque en pointe, vers son sommet, et dont les quatre faces regardent les quatre parties du monde. (2)

Les noms de diable et de loup furent donnés par privilége à Theutatès. En conséquence, la roche qui recouvroit la grotte de ce dieu, au pied du précipice de Mont-Mirat, s'appela la roche au loup. Son temple à Falaise, fut appelé *la Bréche au Loup, le bourg Alouvi.* Et celui de Saint-Quentin-de-la-Roche, à deux lieues, *nord* de Falaise, s'appela la brèche au Diable.

(1) Cet antre, dont le corps, ou plutôt la galerie est très-étroite, mais dont le fond, de forme circulaire, semblable à un petit four, est plus large, étoit la haute grotte de Mercure regénérateur et revivifiant, par où ce dieu étoit censé ramener les âmes sur la terre.

(2) Le frontispice de cette grotte représente un Y renversé le haut au bas λ, symbole de ce dieu, qui, suivant la théologie des Celtes, étoit hermaphrodite, c'est-à-dire, réunissoit en lui la puissance des deux sexes, et qu'ils assuroient être leur père, unique auteur du genre humain. En conséquence, les doubles pierres, ou roches fourchues, et celles qui étoient empreintes de diverses couleurs naturelles, et

Et la galerie des-Fées, large d'environ trois pieds, entre cette pyramide et la haute large roche occidentale sa voisine, qui la surpasse, couronnée, sur le précipice, par un rocher de forme polygone qui lui sert de chapiteau, à peu-près au soleil couchant du solstice d'hiver, à partir de la pointe de la pyramide. (1)

Et ce roc incliné, convexe en dessous, qui se voit à quarante pas de cette pyramide, vers l'orient, dont l'extrémité, qui touche le sommet du côteau, en face du midi, représente la poupe d'un navire qui se précipite dans le gouffre, vers des roches lugubrement inclinées. (2)

---

celles qui représentoient une double pyramide, lui étoient consacrées. (*Voyez Guy Lefebvre de la Boderie, au livre de l'Harmonie du Monde, précité, premier Cantique, liv. IV, chapitre 29, page 148*). La roche pyramidale carrée me paroît une vraie roche du soleil (Bélénus).

(1) Cette roche polygone de la lune, d'un diamètre d'environ trois pieds, vue du fond du vallon du côté de l'occident, paroît un globe comme suspendu dans les airs, ne touchant presque point à la roche sur laquelle il est assis, et prêt à rouler dans le précipice, quoiqu'elle soit solidement assise. Le sommet de ces trois roches forme un triangle.

(2) A quarante pas de la maison des Fées, surmontée par cette pyramide, vers l'orient, on voit, en effet, un roc long, convexe en dessous, taillé en forme de navire, qui paroît se précipiter du haut du côteau vers le fond du vallon; et les roches qui sont sur cette ligne, du haut au bas, sont aussi très-inclinées; emblême de la mort; au contraire, celles qui se trouvent dans la ligne de cette grotte, du bas en haut, sont verticales, signe de vie. Il n'est pas difficile de

Et la haute roche polygone du corbeau,
d'un diamètre de cinq pieds à peu-près, en
tout sens, située en face de cette pyramide,
au *sud-ouest*, (de l'autre côté du gouffre,
sur le sommet de la chaîne de rochers de
la bruyère de Vanembras) assise sur un monticule de petites roches fondamentales, entourée de beaucoup d'autres qui, à l'imitation de l'armée céleste des étoiles, sont
parsemées à l'entour, et même forment
galerie à ses côtés. (C'est d'auprès de cette
roche qu'est le vrai point de vue de l'entrée
de la maison des Fées, dans le côteau opposé).

A partir de cette roche du Corbeau, lorsqu'on avance vers l'occident, le long de la
chaîne de rochers, sur précipice, de cette

---

concevoir que ces deux lignes de roches forment une
espèce de double chaîne circulaire, ou plutôt une
roue perpétuellement tournante, dont les différens
points de sa circonférence descendent et montent suc-
cessivement de la vie à la mort et de la mort à la vie.
Car suivant les principes de nos anciens Celtes, qui
croyoient à la métempsycose, quand les âmes avoient
quitté leur dépouille mortelle, Mercure, après les avoir
conduites sous les eaux, et les avoir éprouvées, les
ramenoit sur la terre, par sa grotte la plus élevée,
afin d'animer d'autres corps, et ne les laissoit jamais
en repos.

Ce qui paroît indiquer que cette grotte est celle de
Mercure régénérateur et revivifiant, ce sont une ou
deux roches verticales fourchues, qui se trouvent aux
environs de ce lieu, sur la bruyère de Noron, et qui,
je crois bien, sont ses armoiries, ou symboles. D'ailleurs, le frontispice fourchu de la grotte (dont le
vrai point de vue est de la roche du Corbeau, en face
sur la bruyère de Vanembras) nous l'indique suffi-
samment.

bruyère de Vanembras, bientôt on arrive sur le bord de l'angle carré que forme sur elle-même cette chaîne, qui, se détournant, décrit une nouvelle ligne vers le midi.

Au pied du côteau de cette nouvelle file de rochers, à l'entrée de son vallon, sous la bruyère de Vanembras, s'offre, comme en éventail, la belle roche verticale de Mercure Theutatès, dont les fondemens sont baignés par la rivière d'Ante, et dont le sommet, un peu fourchu, est élevé de vingt-cinq, à trente pieds de roi au-dessus du niveau de cette rivière. Sa largeur, prise à moitié de sa hauteur (c'est-à-dire, prise à son envergure), est de dix-huit pieds; son épaisseur, vers le haut, est d'environ deux pieds; vers le milieu, de quatre pieds, et vers le pied, de cinq pieds. On remarque à cette roche, vue en face, du côté de l'occident, quatre angles du nombre desquels les trois supérieurs ont été arrondis. Son premier angle est piqué dans la terre au fond de la rivière; son second, à double sommet, est tourné vers le ciel; son troisième, vers le nord; et son quatrième, vers le sud. L'une de ses faces regarde l'orient, et l'autre, qui est plus apparente, regarde l'occident.

Au-dessus de cette roche, dans le côteau, sont deux roches fourchues, verticales, qui semblent indiquer ce monument de Mercure, et peut-être, en même temps, la grotte basse sa voisine, dont nous allons parler.

Plus loin, vers le midi, à mi-côte de cette chaîne, sont les deux roches jumelles verticales de ce dieu, symbole de la vie, dont

les deux serpens de son caducée sont pareillement le symbole.

L'une, haute de dix à douze pieds, large
à sa base de sept pieds, de cinq pieds à
son collet, c'est-à-dire, aux deux tiers environ de sa hauteur, et de cinq pieds et
demi à sa tête, un peu arrondie ; épaisse à
sa base, de quatre pieds et demi, de trois
pieds au milieu, de deux pieds à son collet
et jusqu'à son sommet. Sa tranche regarde
d'un côté le midi, et de l'autre le nord, et
peut servir de méridien. Son plateau regarde d'un côté l'orient, d'autre côté l'occident.

Elle incline sa tête majestueuse du côté
de l'orient, vers sa roche jumelle qui est
massive, plus haute et plus vaste qu'elle,
distante de quatre pieds de sa base, et seulement de trois pieds de son sommet.

Le vrai point de vue de ces deux roches
jumelles de Mercure est à l'occident, sur
le sommet du côteau opposé, qui à son
tour offre à la vue une chaîne de roches
verticales (symbole de la vie), dont la
plupart sont faites en forme de vastes pans
de murailles, et quelques unes sont jumelles ; spectacle d'autant plus majestueux,
qu'il est l'ouvrage de la nature.

On peut encore considérer ce triple mont
rocheux de Falaise, de Mont-Mirat et de
Vanembras, qui se termine par le mont
Bezel d'où Henri IV foudroya le château de
Falaise, en janvier 1590 ; triple mont formé
par l'un de ces déchiremens lugubres qu'é-
prouva la terre au temps des volcans et du
déluge.

Et la ville de Falaise elle-même, située entre deux éminences, et en même-temps élevée sur deux profondeurs; ce qui rend son air très-salubre et nous invite à rendre de continuelles actions de grâces à l'éternel auteur de l'univers, seul trois fois grand par excellence, et qui, d'ailleurs, à bien voulu créer pour ses enfans, le soleil, la lune et la terre, et une infinité d'autres merveilles.

Temple inférieur et funéraire de Mercure Theutatès.

Au fond du précipice, entre les deux chaînes de rochers, dont l'une termine le terroir de la bruyère de Vanembras, d'une part, l'autre le terroir de Noron et celui de Mont-Mirat, d'autre part, est le temple inférieur et funéraire de Theutatès. (1)

Il me paroît certain que cette belle roche, en éventail, que nous avons décrite, et qui se voit au haut de ce temple, à l'angle qui détourne vers le sud, est bien la roche de ce dieu. Son sommet fourchu qui s'élève à vingt-cinq ou trente pieds au dessus de la

_(1) Ce temple inférieur et funéraire, fait en cette forme Z, dont la branche du haut se dirige, suivant le fil de la rivière, du *sud* au *nord*, et la branche du milieu, de l'*ouest* à l'*est*, entre les deux chaînes de rochers de Vanembras, de Noron et de Mont-Mirat; et dont la branche inférieure s'avance du *sud* au *nord*, depuis le faubourg de la Roche, jusque sous la plus grande partie des murs occidentaux de la ville, dépend, tout entier, d'après nos anciens usages, de la paroisse Sainte-Trinité de Falaise.

rivière d'Ante, indique qu'il veilloit sur les vivans; et son pied, baigné par cette rivière, signifioit qu'il conduisoit, sous les eaux, les âmes des défunts à leur destination, jusqu'à ce qu'il lui plût de les ramener sur la terre, après les avoir éprouvées et nettoyées, et leur avoir fait boire de l'eau du fleuve d'oubli.

On voit, 1.º à quarante pas de cette roche singulière, en descendant suivant le fil de la rivière, au pied de la chaîne de rochers de la bruyère de Vanembras, une niche, ou petite grotte basse, recouverte d'une arcade taillée dans le roc en portion de cercle, assez uniformément travaillée. Peut-être creusoit-on, au pied de cette grotte, la fosse dans laquelle on faisoit des libations en mémoire des défunts, en y jetant du pain, du vin, de l'eau, du lait, de l'huile, du miel, &c., en invoquant Theutatès en faveur des âmes des défunts qu'il avoit emportées, afin qu'il les ramenât au plutôt; et que l'on combloit de terre, lorsque la cérémonie et les chants lugubres étoient finis.

2.º Plus bas, suivant le fil de l'eau, dans une petite île ou prairie située entre deux branches de la rivière d'Ante, plusieurs roches couchées horizontalement, semblables à des tombes, sans ordre ni symétrie, larges d'environ six pieds, longues de sept à huit, dont les angles sont carrés et dont la surface, grossièrement applanie, affleure d'un bout la terre vers le *sud-ouest*, mais, de l'autre bout, s'élève d'environ un pied. Sur l'une de ces tables on en voit une autre uniformément plate dessus et dessous, épaisse d'un pied, d'un diamètre d'environ

cinq pieds, taillée à l'entour en forme gros-
sière de disque de lune tronqué aux trois
quarts de sa grandeur, c'est-à-dire, de trois
doigts, et qu'il est facile de transporter sur
les autres, à volonté. Quel étoit son usage?
Nous l'ignorons. La partie de branche de
rivière la plus voisine de ces plates-formes,
est pavée de roches semblables, ce qui me
feroit soupçonner que cet endroit-là étoit un
lieu d'épreuves et de tombeaux. (1)

Quoique la partie inférieure de ces roches
soit cachée dans terre, on peut juger
qu'elles peuvent être épaisses de deux à
quatre pieds, car elles paroissent tirées du
même banc de celles du côteau voisin, situé entre la maison des Fées et le jardin du
bourg Alouvi. Une pareille roche y paroît
encore détachée, prête à être lancée dans
la prairie, à la première réquisition.

3.º Six cents pas plus bas, au-dessous de
la galerie méridionale et équinoxiale de
Mont-Mirat, au fond du vallon, dans sa partie inférieure, non loin de l'ancien lit de la
rivière, on voit les monumens funèbres des
corps des défunts. Il ne paroît pas qu'il y eût
d'autel dans ce temple. Seulement on y voit,
1º. au fond, près de la rivière d'Ante, dans
l'un des champs Cosnard (2), un tertre

---

(1) Si ce sont des tombeaux que ces roches plates
recouvrent, dans cette branche de rivière, il faut avouer
qu'ils sont en libation perpétuelle.

(2) Les champs Cosnard avoient donné leur nom à
leurs anciens propriétaires.

{ *mallus*

(*mallus* ou *barrow* (1) , en forme de cône, espèce de petit monticule , de hauteur d'homme, ayant à son empattement à peu-près douze à quinze pieds de diamètre, composé d'un gros roc fondamental, mais taillé en hémisphère et recouvert de gazon. Il y en a encore plusieurs autres plus ou moins volumineux dans le même champ et dans les champs voisins, pour indiquer qu'aux temps des malheurs de la terre, cette partie de rochers fut engloutie par un déchirement affreux, avec ses habitans, et que ce lieu est en même-temps celui des tombeaux. Faisoit-on sur le sommet convexe de ces tertres, des libations , afin qu'elles tombassent uniformément à l'entour, dans la terre? Nous l'ignorons.

4.º Enfin, on voit les deux grottes de Thentatès , dont nous avons parlé, l'une creusée au pied du précipice du château, et l'autre au pied du précipice de Mont-Mirat, toutes deux regardant le midi (*sud ouest*).

Outre ces monumens, on voit encore , sur le sommet du côteau du bois de Vaux en Gouffern , à une demi-lieue de Falaise, vers l'orient, la mystérieuse roche d'Isis, forme prototype et modèle de situation de notre ville primitive, de son enceinte religieuse sacrée et de son premier temple.

------

(1) L'un de ces tertres, proche l'ancien lit de la rivière d'Ante, ci-dessus, fut renversé dans une fondrière qu'on avait creusée exprès ; et lorsqu'il fut précipité , on trouva, à la place qu'il avoit occupée, une hache celtique , à main, dont nous avons rédigé le verbal transcrit à la suite de ces notes.

Cette roche brute (faite en forme de na-vire, longue de dix pieds, large de cinq, haute, vers le milieu, de quatre, au plus quatre et demi; dont la poupe, haute de cinq pieds, située sur le précipice, regarde le nord-est, et la proue, haute de six et demi, regarde le sud-ouest), considérée du côté occidental, entre la fontaine druidique de la Féerie ou Foirie (qui se voit à l'entrée de ce bois) et la chaîne presque verticale de roches sur lesquelles elle est assise, pa-roît une roche brute ordinaire, mais cou-ronnée, sur l'extrémité méridionale, par un petit roc triangulaire dont la base est horizontale, et dont la ligne *nord* se dirige vers l'écliptique.

Ensuite, après avoir visité, dans cette chaîne, la maison des Fées (c'est-à-dire, la grotte sacrée de Mercure Theutatès, de mé-diore grandeur), puis, plus haut, celle des Druides (profonde de dix pieds, large de six vers le fond, près du soupirail, et de huit à son ouverture, qui regarde l'occident; haute de six du côté méridional), lors-qu'on est monté sur le sommet, près du soupirail, et que l'on est passé de l'autre côté de cette roche d'Isis, à l'orient, alors vue de profil, du pied de la haute roche sa voi-sine, elle représente un navire, dont les deux extrémités forment un croissant.

D'autre part, vue en face de la proue, à quelques pas de-là, vers le midi, sur la bruyère, elle représente une pyramide de Bélénus, haute de six pieds et demi.

Enfin, vue à cent dix pas, ou 245 pieds de distance, sur la même bruyère, au

sud-ouest, du pied d'une pyramide tronquée (soleil couchant du solstice d'hiver),
grossièrement arrondie, un peu inclinée
vers le nord, haute de cinq pieds trois
pouces, et dont le diamètre est d'environ
quatre pieds, elle représente exactement un
Apis d'Egypte, à corps de bœuf (1), mais
à tête de lion, dont la face majestueuse se
détourne vers l'occident du solstice d'été, et
semble en même-temps fixer, au-delà du
précipice opposé, la haute triple roche équinoxiale de Saint-Clair, dont la plus grande,
longue de neuf pieds, enchassée entre les
deux autres (en face du midi), de trois
n'en fait qu'une.

Cette roche singulière d'Isis, seulement
élevée de terre d'environ demi-pied, est assise sur trois roches fondamentales, l'une
sous le côté oriental de la poupe, l'autre
sous son ventre, vers l'occident, et la troisième sous sa proue, vers le midi. Entre ces
deux dernières pierres, vers l'occident, sont
deux autres pierres médiocres qui ont été
rapportées.

On voit que cette roche, en même-temps
navire, croissant et pyramide, accompagnée d'un roc triangulaire, signifie notre
triple globe du soleil, de la lune, de la
terre en trine aspect, c'est-à-dire, lorsqu'ils
forment entre eux un triangle.

Mais quel nom donner à ce triple globe
réuni en un seul triangle ? Aux deux pre-

---

(1) Le bœuf, ou veau (*Apis*), couché sur le ventre,
et la tête élevée en l'air, représentoit Isis, aussi bien
qu'un navire.

miers, les Celtes donnèrent, comme Moyse,
le nom de luminaires (*phaloï*); ils donnèrent au troisième le nom d'*Isis*, qu'ils
croyoient immobile entre les deux autres;
et ces deux noms, l'un emprunté des Grecs,
l'autre des Egyptiens, composèrent celui de
Phaloï-Isis, qui s'écrivoit, par abréviation,
dans nos anciennes chartes, *Phaloisia, Fa-
loisia, Faloise*, actuellement *Falesia, Falaise*, c'est-à-dire, Isis et ses deux luminaires, nom qui renferme en un seul, le
soleil, la lune et la terre.

Cette roche singulière prit le même nom,
et bientôt, par sa célébrité, le communiqua
aux autres roches de la Celtique, sises sur
des promontoires, pourvu qu'elles fussent
dédiées au soleil, à la lune et à la terre.

Je suis persuadé que ce monument, en
forme de navire, est la roche mystérieuse,
indicative, symbolique et dédicatoire, non
seulement de Falaise, mais encore de tout
le pays situé entre la Rille, l'Orne et la mer,
et qu'elle a probablement donné le nom
d'*Issuvii* à ce pays, que Ptolomée appelle
Lixuvii, et César *Lexovii*, pays de Lisieux.

A quarante pas de cette roche d'Isis, vers
l'orient, sur le bord du même précipice,
qui regarde le nord, est un vaste autel dont
la table est une roche brute et raboteuse,
arrondie aux quatre angles, parsemée d'une
infinité de petites pierres angulaires (petits
cristaux de quartz hyalin prismatiques, ter-
minés en pyramide quadrangulaire, bien
prononcés), inclinée vers le grand Orient,
large à son milieu de dix pieds, longue de
douze, épaisse d'environ quatre pieds, au

plus quatre pieds et demi. Une roche longue d'à-peu-près dix pieds, très-brute, mise de travers sur une autre de même longueur, lui sert de chantier ou d'entablement, sur le précipice vers le nord-est. Trois roches courtes, l'une posée sur le bout oriental de l'entablement, l'autre sur le bout occidental, la troisième fondamentale, vers le midi, élèvent de terre cet autel d'environ un demi-pied; et, sous le côté occidental, sont deux pierres rapportées.

A la suite de cet autel, dans le côteau, vers le nord, sont deux énormes roches, symboles de la terre et de la lune; et en avant, vers le midi, sur la bruyère, étoit une belle roche pyramidale du soleil, dont le sommet, qui a été brisé, se voit encore par éclats, quelques pas plus loin.

La roche d'Isis, plate sur le dos, quoique très-raboteuse, pouvoit servir d'autel pour les victimes extraordinaires.

Outre les perspectives dont nous avons parlé, cette roche en offre trois autres non moins frappantes.

1.º Vue de près, du côté de l'occident, elle paroît élever, vers le 45e degré occidental de la ligne écliptique, à partir du point méridional, une tête majestueuse, la bouche entre ouverte, d'un air gémissant, comme si elle imploroit le secours du Ciel, par exemple, contre ces terribles catastrophes qui affligent la terre de deux mille en deux mille ans.

2º. Vue à deux cents pas, vers le nord, du fond du bois, en face de la poupe, de manière que le profil de sa longueur soit effacé, elle représente un globe isolé sur la hauteur, et en même-temps le dessous convexe de la poupe d'un navire.

3.° Vue un peu de profil, lorsqu'on s'est avancé dans le même bois, vers le grand Orient, elle représente un agneau gras, la tête élevée, isolé sur le haut du mont, et qui attend le sacrificateur.

Il faut avouer que nos roches celtiques sont aussi parlantes que les bibliothèques orientales de ces temps reculés.

Les Druides du bois de Vaux avoient de grands droits sur Falaise, le jour de la fête de Theutatès, la sixième nuit (c'est-à-dire, le sixième jour) de la lune de l'équinoxe d'automne; mais après leur suppression, la maison de Roger de Montgommery, à laquelle appartenoit ce bois, exerça ces mêmes droits. Enfin, Jean de Montgommery, comte d'Alençon, céda ce bois, avec ses droits de seigneurie sur Falaise, aux Religieux de l'Abbaye de St-Jean de cette ville, qui les exercèrent, principalement le jour de la fête de S. Michel, vainqueur de Theutatès.

Les Celtes comptoient par nuits, et non par jours. Il n'y a pas encore bien des siècles que l'on comptoit en France par nuits. Le peuple de la campagne dit encore *à nuit*, *à nieu*, pour dire aujourd'hui.

Nous ne passerons point sous silence cette haute roche, en forme de bœuf, ou de veau couché sur le ventre, mais, dont la tête, qui s'élevoit dans les airs, surpassoit de huit pieds les autres roches ses voisines, (dans laquelle on a creusé un tombeau,

où Marie Joly, dame Dulomboy, artiste de
Paris, décédée le 5 mai 1798, fut déposée
le 1er juin suivant); située à Saint-Quentin-
de-la-Roche, à deux lieues *nord* de Falaise,
sur le sommet, en précipice, de Mont-Bouin,
(*Mons-Bovis*), Mont-Bœuf, ou Mont-Belen
(actuellement Mont-Joly, depuis 1798), et
qui, jadis, étoit le principal monument de
l'enceinte religieuse de ce lieu ;

Ni, à quelque distance de ce monument,
près du chemin tendant de Pôtigny au
moulin de Sousmont, le vaste autel Druidique, composé d'une seule roche horizontale, arrondie aux quatre angles, large carrément d'environ douze pieds, assise sur
trois roches hautes chacune de deux à trois
pieds ;

Ni, près de-là, cette roche verticale,
faite en forme de grand chandelier, haute
d'environ douze à quinze pieds (1) ;

Ni, au pied du côteau voisin, au fond du
précipice, le temple funéraire de Mercure
Theutatès, actuellement la brêche au diable,
où l'on remarque encore, près d'un courant
d'eau, la grotte de ce puissant dieu des enfers, creusée sous un vaste rocher, d'où,
suivant la croyance des Celtes, il conduisoit les âmes des défunts à leur destination ;

Ni le fameux mont pyramidal, situé dans

---

(1) Le casseur de roches, M. Beaumont, qui signa,
en 1816, le verbal; transcrit à la suite de ces notes,
de la hache de silex à main, trouvée sous un cône,
dans l'un des champs Cosnard de Falaise, m'a déclaré
qu'il avoit cassé en 1814, cette roche pyramidale de
forme singulière, ainsi que beaucoup d'autres de ce
lieu, pour en faire du pavé.

la mer, à vingt-cinq lieues ouest de Falaise, appelé chez les Celtes, Mont-Belene, actuellement Mont St.-Michel, dont la haute roche, élevée de soixante toises, passe pour être tombée miraculeusement, vers le huitième siècle, dans la mer, près de la petite île qui a conservé le nom de Tombeleine, dérivé de celui de Bélénus;

Ni la pierre massive, épaisse de quatre pieds, longue de douze, large de dix, qui servoit d'autel aux Druides, appelée pierre des Bignes, située à deux lieues sud-est de Falaise, sur un petit monticule, sur le bord du chemin de Fresné-le-Buffard à Habloville, appuyée sur trois roches longues chacune d'environ trois pieds, plus une quatrième posée sous son côté oriental, à laquelle elle ne touche pas, ce qui fait présumer qu'elle étoit l'une de ces pierres branlantes si terribles chez les Celtes;

Ni cette pierre plus vaste et plus dure encore, qui se voit à trois lieues de Falaise, à l'orient, vers Trun, inclinée sur trois roches, et pleurant toujours;

Ni cette vaste pierre druidique, posée horizontalement sur trois autres moyennes, proche la paroisse du Cercueil, sur une bruyère, vers l'entrée de la forêt d'Alençon, à huit ou neuf lieues sud-est de Falaise;

Ni cette belle enceinte de temple druidique, de Montmerey, proche Séez, entourée de vastes rochers, actuellement connue sous le nom de camp de César;

Ni cet autel druidique qui se voit dans la forêt de Silly en Gouffern, canton d'Exmes, près la route de Paris, entre Silly et le château de la Vente;

Ni la roche pyramidale de Vignats, à une lieue et demie de Falaise, vers l'orient, située sur le haut du côteau dans lequel est la grotte sacrée du Druide, actuellement nommée la loge du loup;

Ni cette pierre pyramidale qui se voit dans un champ, à Condé-la-Campagne, sur Laison, à trois lieues (*nord*) de Falaise, composée, en partie, de coquillages, seule de son espèce dans ce lieu;

Ni cette double pyramide, dans les rochers de Bagnolle, à huit ou neuf lieues (*sud*) de Falaise, appelée le Saut du Capucin, parce que, suivant une histoire allégorique, un capucin sauta du sommet de l'une sur le sommet de l'autre;

Ni la fameuse roche de Bailleul, à cinq quarts de lieue plus loin, sur laquelle sont imprimées, comme sur celle de la cuisine des Sorciers du bois de Hamel, près de Douai, beaucoup de cavités irrégulières; qui passent pour être les pas d'un bœuf et ceux d'un dragon à sept têtes qui vomissoit feu et flammes, et qui dévoroit les hommes, c'est-à-dire, du paganisme et de l'idolâtrie, avec les sept roches de son cercle, ou thême céleste, représentant les sept planètes, que le seigneur du lieu (le christianisme) a détruits non sans peine et sans beaucoup de travaux (1);

Ni l'autre pratiqué aux environs de cette

---

(1) On explique de même le dragon de S. Romain, de Sainte Marguerite, etc. *Voyez le Gallia Christiana, édition des Bénédictins, tome XI, chapitre Ecclesia Rothomagensis, article Saint Romain évêque de Rouen.*

roche, dans le côteau, et qui servoit de repaire à ce dragon, c'est-à-dire, au ministre payen qui sacrifioit des victimes humaines.

M. de Basoches, après avoir examiné avec attention cette roche du pas de bœuf, qui est à cinq-quarts de lieue de sa terre de Viguats, a découvert, dans les cavités dont nous avons parlé, l'empreinte et les filamens de coquillages qui y avoient été incrustés, mais qui se sont calcinés par le temps, et ont laissé leur place vide. On voit encore dans cette roche quelques restes de ces coquillages.

Nous ne parlerons point des autres monumens celtiques, du nombre desquels sont les tombeaux creusés en auge, dans une seule pierre, que l'on a trouvés à Saint-Quentin-de-la-Roche, à Noron, à Martigny, près Falaise, dans lesquels étoient des haches de silex et de cuivre.

Et encore dernièrement on a trouvé à Ussy, à deux lieues ouest de Falaise, trois haches de cuivre de différentes grandeurs, munies, au talon, d'une agraffe seulement, et qui paroissent n'avoir été ainsi faites que pour marquer différens degrés d'honneur. (1)

Après la conquête de la Gaule par les Romains, ces peuples (dont les enceintes

______

(1) Ces trois haches de cuivre jaunâtre, qui datent du temps des Romains, sont plus légères et n'ont pas tant de portée que les haches de combat. Nous allons donner, à la fin de ces notes, la description d'une hache semblable, à la suite du verbal d'une hache de silex à main, qui date du temps des premiers Gaulois, et beaucoup plus ancienne que celles de cuivre.

religieuses et sacrées étoient, pour la plupart, devenues des camps connus sous le nom de camps de César) bâtirent des temples qu'ils dédièrent à Theut (Mercure ou Pluton), dieu des enfers, qu'ils croyoient leur père; à Esus ou Mars, dieu des combats; à Taranis, dieu du tonnerre; à Bélénus (le soleil); à Isis (la terre); à Felé, Diane ou Ardonia (la lune) ; &c.

Si l'on veut se mettre davantage au fait des monumens celtiques, on peut lire le Mémoire de M. Bottin, inséré dans le 4e. Cahier des séances publiques de la Société d'Amateurs des Sciences et Arts de Lille, 30 novembre 1811, page 131 et suivantes. M. de Basoches, membre de cette Société et de plusieurs autres Sociétés savantes, m'a communiqué ce Cahier, sans lequel je n'eusse avancé que d'une marche incertaine dans la recherche des monumens celtiques de Falaise et de ses environs.

M. Bottin traite, dans ce Mémoire, 1º. des monnoies d'alliage à l'effigie du cheval Gaulois, des haches et couteaux de silex, et des tombeaux taillés en ange, dans une seule pierre; 2º. des cercles druidiques, ou thêmes célestes, composés de six pierres plantées en cercle, et à distance égale l'une de l'autre (à l'entour d'un centre qui probablement représente la terre), et recouvertes par une septième fort massive, taillée en forme de cône tronqué, et d'un trèsgrand diamètre; 3º. des pierres debout, des pierres inclinées, etc. ; 4º. des antres sacrés des Druides, connus à présent sous le nom de maisons de Fées, de Diables, de Sorciers,

de Dragon à sept têtes, de Loup, etc. ; 5°.
des pierres pyramidales, symboles de Bélénus ou du soleil ; 6°. des pierres jumelles
et des triples pierres ; 7°. des autels d'une
vaste roche brute, arrondie aux quatre
angles, posée sur trois autres roches courtes ;
et des pierres en équilibre, nommées pierres
branlantes, parce que le moindre vent, la
moindre impression du doigt, les fait os-
ciller comme des anéomètres, sans cependant qu'elles tombent ; 8°. des enceintes
druidiques, la plupart situées sur des hau-
teurs, et dont Jules César s'empara pour
construire des camps, connus sous le nom
de camps de César ; 9°. des pierres, 1°. religieuses, 2°. funéraires, 3°. itinéraires, 4°.
historiques.

1°. Les pierres *religieuses* sont ordinairement placées sur des lieux hauts, où l'on
sait que les Druides tenoient de préférence
leurs assemblées de culte ; et elles se pré-
sentent dans la forme d'obélisques ou de
pierres brutes, longues et debout, sur le
haut des précipices ; de trépieds recouverts
d'une pierre plate, ou de cabinets (actuellement nommés maisons des Fées, des Diables,
des Sorciers) formés de la réunion de plusieurs pierres placées de champ, dont le toît
est une table d'une surface et d'une épaisseur considérable ; ou de pierres branlantes,
assises sur d'autres roches, et tellement en
équilibre, que la seule impression du doigt
les fait mouvoir.

2°. Les monumens *funéraires* les plus connus sont des éminences ou tertres coniques
de terres rapportées que les Celtes amonce-

loient

loient sur la sépulture des grands, ou des pierres debout , dont les angles sont rabattus, ou des tables, des grottes de pierres brutes , toujours colossales; encore ne faut-il déterminer cette destination qu'à l'aide de l'étymologie des lieux, ou d'une tradition quelconque.

3º. Les pierres *itinéraires* des Celtes sont toujours de grandes pierres applaties, qui ont cela de particulier, qu'elles s'élargissent paraboliquement du haut en bas.

4º. Enfin, les pierres *historiques* sont de grandes pierres plantées en terre, dont le nom rappelle ordinairement quelques batailles, quelques grands événemens. Elles sont inclinées, lorsqu'elles doivent perpétuer le souvenir d'une catastrophe.

Voyez les savans Ecrits de MM. Latour-d'Auvergne, Cambry, Dulaure, Baraillon, Baudoin - de - Maison - Blanche, les intéressantes Annales celtiques que rédige M. Eloi Johanneau.

Il faut observer, avec M. Bottin, 1º. que les caractères communs à ces monumens en pierre, sont d'être brutes, sans inscriptions;

2º. Que généralement, dans l'esprit du peuple, des idées de fées, de sorciers, de diables, &c. , se rattachent à ces pierres, à ces grottes, à ces éminences monumentales. Par exemple, celle de la Damoiselle, ou du Cordelier sans tête, au bout extérieur du château de Falaise ; celle du Mont-Bezel, qui tient à la chaîne de rochers de la bruyère de Vanembras remarquable par sa haute roche du Corbeau, celle de la fontaine de la Foirie et de la maison des Fées du bois druidique de Vaux ; celle de la maison des Fées dans la chaîne de rochers de la bruyère de Noron et de Martigny ; celle de la butte des sept Dormans ou des sept Saints (près du Calvaire , sur le chemin de la ville à Guibray), dont les anciens rapportent ainsi l'histoire : Un jour, une femme acoucha dans ce lieu de sept enfans, qui furent mis sur un plateau, reçurent le baptême et moururent de suite. S'il y eut en ce même lieu sept roches du thême céleste des Druides, cette histoire en aura certainement éclipsé la mémoire.

Si nous eussions visité les deux temples et de Mercure Theutalès et de Mont-Bouin, de Saint-Quentin-de-la-Roche, dont nous avons parlé, outre les trois monumens de ce lieu, que nous avons ébauchés, d'après les rapports qui nous ont été faits par des anciens du lieu, et autant que les casseurs de roches, ou les chercheurs de trésors en auroient épargné, nous aurions assurément découvert beaucoup d'autres roches rares que les voyageurs admirent, et dont la plupart servoient de figures hiéroglyphiques à nos anciens Celtes, soit qu'ils les eussent grossièrement taillées de manière qu'elles parussent naturelles, soit qu'elles fussent façonnées par la simple nature brute, tel que le mont pyramidal de Saint-Michel, qu'ils regardoient comme leur principal monument consacré à Bélénus, dont ils lui donnèrent le nom, et qu'ils estimoient d'autant plus, qu'il étoit le simple ouvrage de la nature.

Verbal d'une hache celtique, de silex, pierre étrangère, trouvée au fond du vallon méridional de Mont-Mirat de Falaise.

Le mardi dix-neuf mars, mil huit cent seize, messieurs Beaumont et Caligny, paveurs à Falaise, ayant été appelés par les sieurs Langevin, prêtre, et Loudière, de la même ville, pour renverser quelques-unes des roches de leurs champs, faisant partie du lieu désigné dans l'histoire de Falaise dudit sieur Langevin, sous le nom de Temple inférieur de Mercure, étant parvenus dans l'un de ces champs, nommé de toute antiquité, le Champ-Cosnard, à cause des tertres, ou cosnes qui y sont épars, appartenant audit sieur Loudière, situé au-dessous de Mont-Mirat, sur le bord de l'ancien lit de la rivière d'Ante, et y ayant renversé et précipité dans la vase, avec l'aide du sieur Loudière et du sieur Georges Sébire, ouvrier dudit sieur Langevin, l'un de ces tertres ou cônes, composé d'une seule vaste roche, en forme de rûche, haute de cinq pieds de roi, (ou un mètre soixante-huit centimètres) dont le diamètre inférieur horizontal est de six pieds forts, (ou deux mètres cinq centimètres), ont trouvé, entre cette roche et une autre sur laquelle elle étoit assise (1), une hache ou couteau de

___

(1) On prétend que cette autre roche est une tombe, mais, dans ce doute, nous ne voulons pas troubler les cendres des morts.

pierre inconnue dans le pays, d'un gris
jaunâtre, translucide aux bords, tranchante
à son bout le plus large, sonante lorsqu'on
la frappe, unie comme le marbre le plus
poli, (1) oblongue, bombée, pesant une
livre (ou cinq hectogrammes foibles),
longue de sept pouces, (ou dix-neuf centimètres foibles), large, vers le tranchant,
de deux pouces trois lignes, (ou six centimètres forts), et vers l'autre bout, d'un
pouce et demi, (ou quatre centimètres);
épaisse au milieu d'un pouce quatre lignes,
(ou trois centimètres six millimètres), plus
dure encore et plus compacte que le silex
et le roc du pays, et d'une pesanteur spéci-
fique beaucoup plus forte. (2)

---

(1) Cette hache a été polie de main d'homme ; car,
les diverses coupes, non interrompues, faites d'un
seul trait, chacune de bout en bout de cette hache,
en forme de bandes, laissent encore entre elles assez
d'angles, quoique presque imperceptibles, pour faire
voir qu'elle a été taillée, de bout en bout, avec un
instrument tranchant.

(2) Ces haches de silex étranger, non perforées,
venant, dit-on, de la Thrace, sont les plus anciennes
de toutes. Elles servoient soit aux combats, soit aux
sacrifices, soit à punir ceux que la loi frappoit de
mort. On s'en servoit tantôt à la main, tantôt en-
chassées dans un manche de bois perforé, ou fendu
par le haut, et serré, moyennant de forts liens, au-
dessus et au-dessous de cette espèce d'arme.
Dans la suite, on les perfora pour y fixer un manche, tel qu'on en trouve quelquefois en Égypte.
Et, plusieurs siècles après, on se servit de haches
de cuivre bronzé, jaunâtre, très-dur, adoptées par les
Romains, dans le genre de celle dont nous allons
donner la description.
Enfin, on inventa les haches d'acier, ou de fer

Le sieur Sébire, averti de prendre garde à de tels monumens, lorsqu'il aideroit à renverser certaines roches remarquables, a reclamé cette hache, ou couteau, et elle a été déposée à Falaise dans le cabinet d'histoire naturelle de M. Labbé de Bazoches qui avoit procuré les livres nécessaires à la connoissance de ces anciens monumens.

Ce que lesdits sieurs Beaumont et Caligny attestent, conjointement avec les sieurs Loudière, Langevin, prêtre, et sondit ouvrier.

Le présent fait double sur deux feuilles de papier, et signé après lecture. L'une des feuilles sera déposée chez monsieur Labbé de Bazoches, l'autre aux mains du sieur Langevin.

Signé G. Sébire, de Noron ;

J. Caligny ; J. Beaumont ; Loudière ;

Langevin, prêtre.

---

acéré, au talon desquelles on pratiqua une douille, ou mortaise, de part en part, pour y fixer un manche à demeure, et ce sont celles dont on se sert depuis long-temps.

Description d'une hache Romaine, trouvée à
Notre-Dame-de-Fresnay-en-Auge, acquise
par le sieur LANGEVIN, prêtre.

En mil huit cent dix-sept, les revendeurs de Falaise me cédèrent pour un prix modique, une petite hache de cuivre jaunâtre, un peu bronzé, qui avoit été trouvée dans terre au pays d'Auge, commune de Notre-Dame-de-Fresnay, à trois ou quatre lieues, *est*, de Falaise ; semblable à la plus forte des trois, de différentes grandeurs, trouvées, vers mil huit cent douze, à Ussy, commune située à deux lieues, *ouest*, de la même ville, et dont nous avons parlé dans les notes précédentes.

Je l'ai cédée dernièrement à M. le substitut de M. le procureur du roi, à Falaise, et membre de la société des antiquaires de Caen ; et M. le substitut l'a déposée, depuis, au cabinet des antiquités de Falaise.

Cette hache, coulée au moule, pesant douze onces de poids moderne, (ou les trois quarts de cinq hectogrammes), est longue de cinq pouces deux lignes métriques ; large d'un pouce cinq lignes à sa tranche ou pince, et seulement de neuf lignes, à partir de trois pouces deux lignes de sa tranche, jusqu'à l'autre bout.

Ce dernier espace, long de deux pouces, est fait en forme de coin, dont les deux rebords de chaque face sont retroussés pour former goutière, arrondie à son origine.

Vers le milieu de sa longueur, à l'endroit qui forme la tête du coin, elle est munie d'un anneau fixe de même métal, fondu et coulé au moule, avec elle, d'un seul jet.

La goutière, longue d'environ deux pouces, pratiquée de côté et d'autre de cette hache, lui tient lieu de douille, quoique non perforée à jour. On y adaptoit un manche, dont la longueur pouvoit être de cinq ou six pouces, et dont la partie supérieure, évidée, formoit deux plaques qui remplissoient les deux goutières, et qui étoient contenues par une agraffe crochée dans l'anneau. Alors c'étoit une hache à main, pour se défendre corps à corps.

Quand on introduisoit, à angle carré, ce manche dans la douille percée exprès vers le haut d'un pieu ou bâton, elle pouvoit servir de défense, à deux bras déployés. Mais, quand elle étoit surmontée d'une pique, elle devenoit plutôt hache de parade que de défense.

Nous voyons encore, immédiatement au-dessous de la lame des anciennes piques, des formes de haches qui nous indiquent à quel endroit du pieu ou du bâton, celles-là pouvoient être adaptées.

Ces hachettes de cuivre, de différens degrés de grandeur, qui datent du temps des Romains, paroissent avoir été faites, moins pour la défense que pour la décoration et la distinction des personnes, suivant leurs grades militaires, ou civils, ou pontificaux, et pour être mises à leurs côtés dans leurs tombeaux.

Les haches (*secures*), dont les Romains se servoient dans les combats, quoique lestes, étoient plus fortes et plus tranchantes que celles-là.

RECHERCHES

SUPPLÉMENT

AUX

RECHERCHES

HISTORIQUES

SUR FALAISE.

PAR L'AUTEUR.

A FALAISE,

Chez BRÉE l'aîné, Imprimeur du Roi, Place Trinité.

M. D. CCC. XXVI.

ADDITIONS.

Armoiries du Château et de la ville de Falaise.

LA triple roche mentionnée aux pages 17 et 18 de nos Recherches Historiques sur Falaise, d'ont l'une étoit encore naguères assise majestueusement sur les deux autres fondamentales, en tête de la chapelle Saint-Prix ou Saint-Prisc, en face de la grande porte d'entrée du château de cette ville (1), mais qui fut dégradée et renversée en 1810, au pied *sud-est* des deux autres; puis vers 1820, fut enfouie près du lieu de sa chute; étoit, dans le principe, le symbole et l'emblême de Falaise. Dans la suite, ce triple roc fut représenté par l'écusson d'une triple tour d'argent en champ de gueules.

Ce sont-là les armoiries tant anciennes que modernes du château et de la ville de Falaise.

(1) Nos anciens Celtes, après eux, les Saxons du 4e. siècle, refugiés dans le diocèse de Séez, auquel ils donnèrent le nom de Saxia (Saxe), dont Falaise faisoit partie; les gouverneurs du château de cette ville; les armées de César, de Charlemagne, des Normands, des Anglois, de Henri IV, etc., s'étoient fait un devoir de conserver ce monument hyéroglifique; il n'existe plus, au grand regret des antiquaires.

Le château se nommoit, de toute antiquité, camp fermant de la Trinité (*Castrum clausum Trinitatis*).

Page 42 des Recherches, première partie, à la suite de l'article IV, concernant les fontaines publiques et particulières de Falaise, ajoutez :

» « D'après un ordre du roi, en son con-
» seil, le 26 avril 1727, pour la répara-
» tion des fontaines publiques, dont les
» tuyaux étoient en très-mauvais état, non-
» seulement faute de réparations, mais en-
» core parce que quelques particuliers, de
» leur autorité illégitime, avoient rompu
» les tuyaux publics, pour conduire l'eau
» dans leurs maisons, au préjudice des
» habitans ; le procureur du roi de cette
» ville (M. de Pomereau ou de Pomereux)
» fut chargé de faire la recherche des con-
» cessions de fontaines faites par les offi-
» ciers de ladite ville, à ceux des habitans
» qui en avoient dans leurs maisons. »

L'an 1729, lorsqu'on rétablit à neuf et entièrement les plombs et tuyaux des fontaines publiques, le sieur Marquet, bourgeois de cette ville, chargé de cette exécution, ayant demandé à tous ceux qui jouissoient de l'avantage d'un doigt d'eau, leurs titres, le sieur Alexandre Fouquet, représentant médiatement mademoiselle Elizabeth, fille et héritière du sieur Leprévost, (1) montra son titre en date du trois mars

-----

(1) C'est une tradition constante dans la famille de messieurs Leprévost, que Robert le Magnifique (ou le Libéral), créa le père d'Arlette prévost de sa maison, et que les descendans de ce dernier ont continué de porter ce nom. Cette famille avoit beaucoup de propriétés à Martigny et à Noron, proche Falaise. On

mil cinq cent cinquante-un, suivant lequel
» ledit sieur Leprévost, alors propriétaire
» de l'hôtel du Grand-Turc, en face de

---

voit encore de nos jours, à Noron, la haie d'Arlette,
non loin du champ aux Piques, dans lequel on trouve
quelquefois de ces armes anciennes.

Depuis long-temps, MM. Leprévost, qui rési-
doient à Falaise, à Noron et à Martigny, ne sont
plus représentés qu'en ligne féminine.

Un de ces messieurs, M. Leprévost du Marais,
branche aînée dont le domicile étoit à Falaise, actuellement représenté par une fille unique, réunissoit en
main les papiers et médaillons de famille. Il trans-
mit, vers la moitié du dernier siècle (1750), à l'Hôtel-Dieu de Falaise, sa maison qui lui étoit contiguë,
et n'enleva point les médaillons, figures sculptées en
bosse, sur bois, qui représentoient la famille de
Guillaume-le-Conquérant. On voyoit encore, en 1824,
plusieurs de ces médaillons à la cuisine de l'Hôtel-
Dieu, mais l'année suivante ils ont disparu.

La branche de M. Leprévost de Vignats, proche
Falaise, se perpétue en ligne masculine.

Vers le milieu du dernier siècle, mademoiselle de
Noron, cohéritière, avec madame de Saint-Sauveur,
d'un M. Leprévost, leur père, enleva de la tour de
son logis de Noron, une horloge à carillon, et la
donna à l'église de la Trinité de Falaise, telle qu'on
l'y voit encore. Le son du timbre de la cloche des
heures, et celui de chaque clochette, est argentin.

A la ferme de l'ancienne abbaye de Noron (fondée,
suivant Orderic Vital, *Histoire Eccl. lib. V, année mil
soixante-quatorze,* par les libéralités de Guillaume sur-
nommé Pantol, en faveur de l'ordre des Bénédictins de
Saint-Evroult en Ousches, pour son salut, pour celui
de son épouse Lééline, et pour celui de ses amis),
il y a une chapelle bâtie vers la même epoque, dédiée
à S. Pierre. Les chercheurs de trésors, d'après un renseignement venu, disoient-ils, de la tour de Londres,
creusèrent la terre de l'aire de cette chapelle, en 1786,
ils ne trouvèrent que des crânes d'une grosseur ex-
traordinaire, et les fondemens d'un mur fort épais
qui la traversoit du haut au bas, par le milieu de sa

» l'Hôtel-Dieu, fut autorisé légitimement à
» prendre un filet d'eau, gros comme le
» doigt d'un homme, au plomb des fon-
» taines de Falaise, pour le faire fluer dans
» son hôtel. Ce droit lui fut continué. »
Ceux qui avoient le même droit présentèrent aussi leurs titres, qui furent main-
tenus : mais le doigt d'eau de ceux qui n'en
présentèrent point, fut supprimé. *Extrait
des papiers de l'hôtel du Grand-Turc.*

Depuis ce temps on veille à ce que per-
sonne ne cherche furtivement à percer les
plombs pour attirer l'eau dans sa maison.

Lorsque les eaux commencèrent à fluer
dans ces tuyaux neufs, elles entraînèrent
certaines parcelles, ou crasses de plomb,
qui causèrent beaucoup de coliques à ceux
qui en buvoient. Mais depuis que ces tuyaux
sont écurés en dedans, par leur flux per-
pétuel, et clairs comme de l'argent, on n'é-
prouve plus de coliques. Cependant, comme
ces eaux sont froides et pesantes, il est bon
de les laisser, quelques heures, reposer et

---

longueur. C'étoient les débris d'un camp qui (suivant
une ancienne tradition) datoit du temps des empereurs Romains. Quelques années auparavant, un
fermier de ce local fut plus heureux. Comme ces fondemens s'avançoient dans la campagne, au de-là de
cette chapelle, cet homme labourant à cet endroit,
s'aperçut que le soc de sa charrue s'accrochoit à une
pierre ; l'ayant enlevée, il découvrit un trésor de
pièces d'argent à l'effigie des empereurs Romains,
dont les moins anciennes datoient du quatrième siècle ;
ce qui le mit fort à son aise. Quelques-unes de ces
pièces furent déposées dans les cabinets des antiquaires des environs de Falaise.

s'affaisser dans le vase, avant d'en boire. L'eau des sources du faubourg de la Roche, est jugée par les médecins plus légère et plus salubre.

À Sédan, les tuyaux ou canaux souterreins des fontaines publiques sont de bois d'aune, durent à l'infini, et conservent davantage la salubrité de l'eau. Tandis qu'il n'y a pas de siècle ou l'on ne soit obligé de travailler aux tuyaux de plomb. L'aune, suivant M. Geoffroy, dure éternellement dans la terre.

Page 121, première partie, article Cordeliers, ligne 12 du texte, après le mot Décembre, ajoutez : Odon II, archevêque de Rouen, fit la dédicace de leur église, le 20 juillet 1250 ; c'est lui qui, en 1242, avoit donné aux cordeliers le nom d'ordre de Saint-François. (*Gall. Christ. art. Odo II.*)

Page 127, première partie, article XXI, Eglises, ligne 6 du texte, à la suite du mot Vaston, ajoutez le renvoi en note (1) ci-dessous.

---

(1) D'abord, sous les Celtes, l'emplacement du château de Falaise étoit une enceinte religieuse. Depuis Jules César, cette enceinte servit de camp. Ensuite, proche de ce camp (muni lui-même d'un lieu religieux), l'enceinte religieuse fut construite à l'endroit où est l'église de la Trinité. Il ne faut pas

Même page, ligne 22 du même texte:
Le donjon avoit aussi sa chapelle, ajoutez:
dédiée à Saint-Sulpice. Elle étoit dans la
première chambre à gauche, en entrant,
avant celle de Guillaume-le-Conquérant.

Page 128, lignes 14—25 du texte : Il ne
nous reste plus d'ancien, &c., lisez : Il ne
nous reste plus d'ancien que les deux gables
et les murs latéraux des ailes, ou croisillons
de ce temple, qui avoit été reconstruit par
les soins de Mathilde, épouse de Guillaume-
le-Conquérant. On voit encore, à ces deux
gables, l'un septentrional, l'autre méridional, huit pieds, environ, au-dessus de
l'aire, les deux pierres quadrangulaires qui
y furent encadrées verticalement, pour cette
consécration, faite à l'époque ci-dessus. L'un
des quatre angles cardinaux de chacune de
ces deux pierres est tourné vers le ciel,
l'autre vers la terre, le troisième vers l'o-
rient, le quatrième vers l'occident. (1)

---

perdre de vue que, sous les Celtes, il y avoit encore
d'autres enceintes religieuses aux environs de Falaise.
(*Voyez la dissertation sur les Druides, et les notes sur
les monumens Celtiques, en tête de nos Recherches Historiques sur Falaise.*

(1) Ces deux pierres quadrangulaires, sur lesquelles
l'archevêque de Rouen fit les onctions, lors de la
consécration de cette église, l'an 1126, en présence
de Henri I. roi d'Angleterre, 43 ans après la mort de
la reine Mathilde, sa mère, sont simplement deux
pavés exactement carrés, d'un diamètre de dix-huit
pouces, qu'on voit à l'intérieur, encadrés verticale-

Suite du texte de la même page 128.

Au gable de la croisée méridionale, en dehors, on voit une grotte très-ancienne

---

ment, tels que nous l'avons expliqué, et ne contri-
buent en rien aux quatre angles des deux gables
latéraux de cet édifice.

Quant à la petite grotte très-ancienne, attenante
au gable méridional, ainsi qu'à sa destination primitive, dont il est aussi parlé dans ce même article,
nous en tenons le détail de M. Chancel, dont le
discours est transcrit, troisième partie, article 3
des Recherches Historiques sur Falaise. M. Chancel
ajoute dans son discours qu'il est prêt à se désister
de son assertion, aussitôt qu'on lui démontrera le
contraire.

Cette note est pour coopérer à la rectification de
celle sur Mathilde, en marge de la lettre XX (21 mai
1818) du voyage en France par le révérend Thomas
Frognall Dibdin, ecclésiastique, bibliothécaire du
lord Spencer; ouvrage traduit de l'anglois en françois,
par M. Liquet, conservateur de la bibliothèque publique de Rouen, 4 vol. in-8°.

Je suis confus des éloges que ce savant et agréable
auteur me prodigue dans sa lettre XXI, et que je ne
mérite pas; éloges qui lui appartiennent plus qu'à
moi. Ainsi, je les lui révalide dans toute leur étendue,
qualité et teneur, sans m'en réserver aucuns, ne
me reconnoissant pas la force de pouvoir jamais atteindre à un si haut degré de perfection.

Toutefois, je rends grâces à cet excellent auteur
Anglois d'être venu à Falaise me faire pleurer de
joie, voyant sa bonté et sa généreuse affabilité. Assurément, cela me dédommage des larmes de tristesse
que d'autres Anglois firent répandre, dans le seizième
siècle, à mon parent Langevin, médecin de Marie
Stuart.

Quant au harpopiane vertical que M. Dibdin vit
chez moi, portant la date de 1806, c'est le dernier
de ma composition. J'avois composé l'original dès
1790; et vers la fin d'avril 1792, j'allai à Paris le

Suite du texte de la même page 128.

bâtie en carreau très-dur et dont la voûte est encore très-solide. M. Chancel, cité 3e. partie, article III, croit, &c., comme page 129 et suivantes.

---

présenter à l'académie des sciences qui, de suite, en fit l'examen et le rapport, par deux de ses membres, MM. Haüy et Pingré, et l'approuva le 22 mai suivant. Certifié et signé Condorcet, secr. perp.

D'après l'invitation de cette société savante, par l'organe de M. Legentil, son directeur, en date du 13 janvier 1791, je l'avois envoyé, vers juillet suivant, à un monsieur de la capitale, pour le présenter en mon nom. Il n'en fit rien, ce qui me força d'aller moi-même le présenter, à l'époque ci-dessus.

Au surplus, cette approbation me fut très-utile dans ces temps difficiles de révolution ; car, étant tombé gravement malade à Paris, au commencement de juillet 1792, je m'en prévalus comme artiste dans la partie des forte-pianos, suivant mon certificat de l'académie, ce qui me fut avantageux.

J'eus beaucoup à me féliciter de l'humanité de plusieurs personnages bienfaisans, surtout lorsque les septembriseurs de 1792 se présentèrent à minuit, le 3 septembre, armés de leurs massues. Je passai pour un domestique malade.

Enfin, de retour dans mes foyers, le premier novembre suivant, pour respirer l'air natal, qui seul, suivant les médecins, pouvoit me rétablir, ma patrie daigna me recevoir muni de mon certificat de l'académie des sciences, et pendant la crise qui succéda au 21 janvier 1793, d'après un ordre des administrateurs du département du Calvados, elle reconnut que n'étant point fonctionnaire public, et n'ayant jamais été pensionné ni salarié du gouvernement, le decret de l'assemblée nationale n'étoit point contre moi, et je continuai mes expériences sur les forte-pianos. Puis, je m'appliquai aux Recherches Historiques sur Falaise, ce qui me procura la connoissance du docteur Dibdin.

Dans sa XXIIe. lettre, écrite de Paris, mon révérend frère docteur Dibdin parle de la fête du Saint-

Article XXII, page 139, lignes 26 et 27, après ces mots : Et ce fut le dernier gouverneur de Falaise, *ajoutez la note suivante* (1).

Sacrement, qui fut célébrée lors de son séjour à Falaise, et à laquelle l'Angleterre n'est plus habituée, depuis environ 250 ans. Quoi qu'il en soit, il respecte nos usages et les signes sous lesquels nous adorons le Verbe incarné de Dieu, tel que l'Angleterre même l'adoroit encore dans le seizième siècle, à l'époque précitée.

(1) En 1758, M. le comte d'Aubigny, appelé, depuis, le Grand-Comte, étoit commandant d'une division militaire, sous les ordres du duc d'Aiguillon.

Cette année, les Anglois firent trois descentes sur les côtes de France.

La première, le cinq juin, à Cancale ;

La deuxième, le huit août, à Cherbourg ;

La troisième, le quatre septembre à Saint-Brieux, au nombre de treize mille hommes, pour assiéger Saint-Malo.

De Saint-Brieux ils arrivèrent, le 11 septembre, à Saint-Cast, et cette fois ils furent punis de leur imprudence, et plusieurs y périrent.

M. le comte d'Aubigny, voyant les Anglois tirer sur nos troupes qui n'osoient se défendre, faute d'ordres de M. le duc d'Aiguillon, commandant général, M. le comte d'Aubigny, intrépide militaire, prit le commandement, se mit à la tête des troupes françoises, et les conduisit au combat. Cinq mille Anglois périrent dans cette action, tant tués que noyés. Le reste, qui eut le bonheur de se rembarquer, ne reparut plus.

La jalousie des confrères poursuivit M. le comte, par de vaines dénonciations, parce qu'il avoit livré combat sans ordres du supérieur ; mais, malgré leurs intrigues, le nom de Grand-Comte lui fut acquis, et lui resta. Une médaille fut frappée pour la perpétuelle mémoire de cette action héroïque, digne de l'un de ses ancêtres, M. Jean de Morell, sieur de la Courbonet, vicomte maire de Falaise, qui servit si fidèlement Henri IV, au temps de la ligue, que ce roi lui

Article XXIII, des Vicomtes, page 146,
suite de la note (1), après le mot enfant.

permit de faire sculpter et représenter, en demi-relief,
sa statue équestre sur le linteau de la porte d'entrée
de son logis, où étoit le quartier général de ce roi,
au *sud-ouest* de la ville, en tête du faubourg de la
rue Brette.

Ce logis ou château, vers 1815, fut démoli par une
compagnie de spéculateurs qui l'avoient acheté pour
en vendre les matériaux.

(1) Cette truie, qui avoit mangé, non seulement
le bras, mais encore le visage de cet enfant, subit,
avant d'être pendue, la peine du-talion. On lui coupa
le grouin, à la place duquel on appliqua un masque
de figure humaine; elle fut habillée d'une veste,
d'un haut-de-chausses, de chausses aux jambes de-
derrière, de gants blancs aux jambes de devant; puis,
elle fut pendue suivant la sentence portée, « à cause
de la détestation du crime. » *Voyez le Dictionnaire de
Jurisprudence de Brillon, tome V, Lyon, 1786, article
animal.*
On conserve encore la quittance que le maître-
d'œuvre donna, le 9 janvier 1386, devant Guyot de
Montfort, tabellion. « Il y reconnoit avoir reçu de
» Regnault Bigault, vicomte de Falaise, la somme
» de 10 sous 10 deniers tournois, pour la peine et
» exécution de cette truie, et de 10 sous pour un
» gant neuf, quand il la fit, et il tient quitte desdites
» sommes le roi notre Sire et ledit vicomte. » (*Voyez
l'histoire Chronologique des Baillis de Caen, pages* 67 et
68. *Caen*, 1769, *chez G. Leroy.*
Ce trait singulier est peint à fresque sur le mur
occidental de l'aile ou croisée méridionale de l'église
Sainte-Trinité de Falaise. L'enfant précité et son
frère sont représentés sur ce mur, proche l'escalier
du clocher, couchés côte à côte, dans un berceau.
Puis, vers le milieu de ce mur, sont peints la potence,
la truie habillée sous la forme humaine, que le
bourreau pend, en présence du vicomte à cheval,
un plumet à son chapeau, le poing sur le côté, regardant cette expédition.
Depuis que l'église entière a été reblanchie à la

Article XXX, à la suite de la page 208; addition aux Grands-Hommes anciens de la ville de Falaise (avant la note de MM. Lefévre de Laboderie).

Théobald, natif de Falaise, de trésorier de l'église de Rouen, fut créé cinquante-troisième archevêque de cette métropole, vers le 17 mai 1222, et consacré le 4 septembre suivant. Il reçut le *pallium* le 28 janvier 1223, et le 27 mars suivant, il célébra un concile. La même année, il assista aux funérailles de Philippe-Auguste. Ce prélat, naturellement pacifique, se trouva dans des positions difficiles, où il fallut montrer de la fermeté, et même de la rigidité. Le pape lui envoya, par son légat, des lettres pour aller à Sens, avec les évêques, ses suffragans, pour appaiser le tumulte qu'occasionnoit Barthélemi antipape des Albigeois; et il obéit, après avoir assemblé ses suffragans à cet effet. Il signifia à Guillaume, évêque d'Avranches, le mandement du légat de Rome, suivant lequel tous ceux qui troubleroient le roi de France, croisé contre les Albigeois, étoient excommuniés; suivant lequel, aussi, les évêques étoient invités de se croiser.

En 1227, il s'éleva entre ce prélat et le

____

chaux, vers 1820, on ne voit plus cette peinture. Quand le blanc disparoîtra la peinture reparoîtra, comme cela est déjà arrivé, quoique la châsse de la bannière qu'on a fixée depuis peu à cet endroit, en couvre une partie.

roi Saint Louis, beaucoup de grandes controverses; pourquoi, le roi, de l'avis de son conseil, confisqua toutes ses possessions séculières; et l'archevêque, à son tour, ayant traité avec ses évêques, frappa d'interdit tous les domaines et châteaux que le roi possédoit dans toute l'étendue de son archevêché, excepté seulement les villes; et de suite, il s'exila comme devant partir pour la cour de Rome. Mais le légat du pape apaisa cette discorde, et fit rendre à l'archevêque ses biens, le 21 octobre 1228. C'est sans doute à cela que Guillaume Lebreton fait allusion, lorsqu'il chante au livre XII de sa Philippide, les deux vers suivans:

Et qui Rothomago Theobaldus præsidet urbi,
Vir precibus vix flexibilis, nimiique rigoris.

Il mourut en 1229, le 25 septembre, le jour de la fête de Saint-Firmin, qu'il avoit décidé, avec le consentement de son chapitre, de fêter trois fois. *Gallia christiana, édition des Bénédictins, 1759, tome XI, Ecclesia Rothomagensis, page 60, article Theobaldus.*

Denis Benedict, ou Benaiston (*Dionysius Benedicti, aliàs Benaiston*), né à Falaise en Normandie, de chanoine de Paris, fut créé évêque du Mans, par Benoist VIII, souverain pontife. Il réclama plusieurs paroisses de son diocèse, contre l'évêque d'Angers, et gagna sa cause. Il veilla soigneusement à ce que les pasteurs de son diocèse eussent soin d'instruire leurs paroissiens par de bons discours, pendant l'office divin. En 1296, il fut appelé au conseil du roi, tenu le 21 janvier, à Paris, au Louvre, avec les grands du royaume. Il approuva de son sceau épiscopal la fondation de la communauté d'Ernée, répara le château d'Yvré, et mourut le trois mars 1298. *Gall. Christ. Lutetiæ Parisiorum, édit. de 1656, tome 2, pag. 518.*

Roch le Balli, connu sous le nom de Larivière, premier médecin de Henri IV, naquit à Falaise, dans le seizième siècle. On a de lui un traité intitulé *Demonsterion, sive trecenti aphorismi continentes summam doctrinæ Paracelsicæ,* qu'il publia en 1578 ; et un *Traité de la Peste,* en 1580. Son Demonsterion fut traduit en françois, sous ce titre : *Demonsterion, où trois cents aphorismes contenant le sommaire de la doctrine de Paracelse ; imprimé à Rennes, 1578, in-4º.* Cette traduction est rare. Il mourut à Paris, le 5 novembre 1605.

Réné Lenormand, sieur Dubois, n'est connu que par un discours sur les Milices, 1 vol. in-4º. de 400 pages, 1633. (*M. Caillebotte de Domfront*).

François Bonnemer, peintre, reçu à l'académie, le 5 janvier 1675. Mort le 26 juillet 1689. (*Le même*).

Pierre-Mathurin de Lecluse, docteur de Sorbonne. Mort en 17... (*Le même*).

IIIᵉ. partie, article II, page 417, au pied de cette page, rédiger ainsi la note du lac :

Ce lac se nomme Noire-Mare. Il est situé à trois lieues *nord* de Falaise. Il ne se forme ordinairement que d'environ trois ans en trois ans, et ne dure pas beaucoup plus de trois mois sans se dessécher. Les habitans

des environs nous assurent qu'il n'est pas
si éloigné de rivières ni de ruisseaux que
Belle-Forest et Duchesne le donnent à en-
tendre, puisque la rivière de Lezon, (ou
Laison), qui va se jeter dans la Dive, du
sud-ouest au *nord-est,* passe non loin de-
là, dans la même commune d'Ernes, et
que la rivière de Dive n'en est pas fort
éloignée.

On cite encore la rivière de Perrières,
distante de-là d'une lieue, *sud;* cette petite
rivière, dont une auge, large et profonde
d'un pied carré, peut contenir le courant
d'eau ordinaire, est remarquable en ce
qu'elle prend sa source au bout, *sud-ouest,*
de cette dernière commune (à 2 lieues de
Falaise), la traverse dans sa longueur qui
est d'une demi-lieue, environ, fait moudre
deux moulins, et va se perdre dans terre
à l'autre bout, *nord-est,* de cette même
commune; de manière qu'aux deux bouts
il se trouve assez d'espace de terrein pour
que les habitans du lieu se vantent de faire
le tour de Perrières à pied sec, sans passer
la rivière qui va, par un canal souterrein,
se jeter dans la Dive, à une foible demi-
lieue de la place ou elle disparoît.

Les eaux du lac de Noire-Mare ne paroissent point venir de ces rivières, mais
bien d'une petite montagne voisine qui,
lorsque, par exemple, les eaux de la
mer y sont montées, jusqu'à son sommet,
par des tubes capillaires, est couverte de
brouillard, ainsi que le lieu du lac; alors,
ces eaux, claires comme l'eau de roche la
plus limpide, ne tardent pas à y descendre

en telle quantité, qu'elles débordent et forment un ruisseau qui va se jeter dans la rivière de Laison.

En 1823, on s'attendoit à ce phénomène, arrivé trois ans auparavant, vu que le brouillard apparut ; mais les eaux ne parurent pas, ce qui surprit agréablement les habitans des environs ; car, lorsqu'elles viennent à s'évaporer, leur vase infecte cause, dans ce pays, des maladies pestilentielles.

Ce flux d'eau intermittent n'est pas le seul, sur la terre, qui vienne par intervalles. L'air en est la cause. Les physiciens expliquent ce jeu de la nature, lorsqu'ils parlent de la fontaine de Héron et des tubes capillaires.

IIIe. partie, article VIII, page 464, *à la suite de la troisième ligne des notes du bas de cette page, après l'etc., ajoutez :*

Un de nos anciens négocians de Falaise ; qui réside actuellement en pays étranger, a lu, dans un vieux registre de l'hôtel-de-ville de Rouen, que Jean-Sansterre, qui s'étoit fait roi d'Agleterre et duc de Normandie, en 1199, au préjudice de son neveu Arthur, ayant proposé à Guillaume de Briouse, de tuer ce jeune prince, dont il s'étoit emparé par ruse de guerre, et qu'il avoit renfermé dans le château de Falaise; Guillaume qui en étoit le gardien, lui répondit : « Je suis un gentilhomme Normand, et non un bourreau. »

Principaux *errata* des Recherches Historiques sur Falaise , édition de 1814.

Errata des Dissertations.

Page xix , ligne 5 des notes : des coignées, de cailloux, ôtez la virgule du milieu , et *lisez :* des coignées de cailloux.

Page xx , ligne 21 : sur Dives, *lisez :* sur Dive.

Page xxj , première ligne : honnet, *lisez :* bonnet.

Page xxij, ligne première : phrophètes, *lisez :* prophètes.

Page xxvj , note (1) : soror phaebi , *lisez :* soror phoebi.

Errata des notes sur les Druides , édition de 1814 , petit caractère , à la suite des Disser-tations.

Page xxxv , ligne 23 , après ces mots : où elle est encore, *ajoutez :* lors de l'édition de ces notes, en 1814 , on voyoit encore cette pierre tombée au pied *sud-est* des deux autres ; mais , vers 1820 , elle fut enfonite dans terre, près du lieu de sa chute.

Même page xxxv , ligne 36 : et distante, *lisez :* est distante.

Page xxxvj , ligne 24 , *effacez* le mot : d'autel.

Page xxxviij , ligne 38 : cône, *lisez :* roc.

Page xl , première ligne : 20ᵉ., *lisez :* 45ᵉ.

Page xliij , 3ᵉ. ligne : recouverte *lisez :* re-couvertes.

Page xlvj, ligne 4 : dans les cieux, *ajoutez* :
qui sont le macrocosme, ou grand monde;
et ligne 6, dans le corps humain, *ajoutez* :
qui est le mycrocosme, ou petit monde.
Page xlvij, ligne 4 : 20 degrés, *lisez* : 45
degrés.

Errata du corps des Recherches Historiques.

Page 33, ligne 6 : 1718, *lisez* : 1418.
Page 56, ligne 18 : 1569, *lisez* : 1589.
Page 61, ligne 8 : de Florian, *ajoutez* : ou
Floriau.
Même page, ligne 10 : Noffedi, *ajoutez* :
ou Noffodei.
Page 62, dernière ligne : (article abbaye de
Saint-Jean), à la suite du nom Geofroy,
ajoutez : ou plutôt Godefroy, on lisoit :
Saint-Godefroid, au pied de son tableau
posé au côté *nord* du chœur de l'église de
cette abbaye.
Page 72, ligne 20 : Attelaneo, *ajoutez* : ou
Ateloneo.
Page 86, ligne 24 : Maladrerie, *ajoutez* : nos
chartes disent : Maladerie.
Page 116, ligne 14 : Bonon, *lisez* : Bohon.
Page 128, ligne 14 : les deux gables de ce
temple, *lisez* : les deux gables des deux
ailes de ce temple; *et ligne* 18, l'un orien-
tal, l'autre occidental, *lisez* : l'un septen-
trional, l'autre méridional.
Page 129, ligne 16 : à la suite de famine,
ajoutez : par toute la France.
Page 145, ligne 13 : Simon, *ajoutez* : ou
Simeon.
Page 159, ligne 3 : Estameaux, *ajoutez* : ou
Estaveaux.

Même page, ligne 21 : Lougy, *ajoutez :* ou Lougey.

Page 160, Long-lay, *ajoutez :* ou Lonlay.

Page 213, dernière ligne : tombeaux, *lisez :* tombes.

Page 221, lignes 11 et 12 : 1088, *lisez :* septembre 1087, année de sa mort.

Page 272, ligne 14 ou 15 : 1088, *lisez :* 1087.

Page 281, ligne 11 : cerfs, *lisez :* serfs.

Page 303, ligne 26 : après le mot esclavage, *effacez* la virgule.

Page 349, aux dernières lignes : Arthus, *ajoutez :* ou Arthur.

Page 355, ligne 15 : deux ans et demi, *effacez:* et demi.

Page 373, ligne 25 : ils prirent, *effacez: le mot :* ils.

Page 399, ligne 8 : Lachênaye, *supprimez* la virgule.

Même page, ligne 16 : n'ommée, *lisez :* nommée.

Page 419, en latin : portez ces deux derniers mots à la fin du titre, où vous *lirez :* prononcé en latin, à Falaise, le vendredi, &c.

Page 420, *lisez* ainsi le titre du 2e. discours : Extrait du second discours imprimé, du même auteur, adressé au même magistrat, prononcé en françois, 1686.

Page 471, ligne 9 du texte : au lieu de lire : mais encore sur les territoires de Gacé, d'Ousches, de Séez, *lisez :* mais encore sur la partie méridionale de la ville de Séez au-delà de l'Orne, et sur une partie du perche jusqu'à etc.

*Corrections de quelques vers du discours sur
la Vertu, par l'auteur, imprimé chez M. Brée,
à Falaise, 1804.*

Page 5, première partie, à la fin du 4e. vers,
ajoutez cette marque (1), que vous por-
terez aussi au pied de la page, en note, de
la manière suivante :
(1) Si je monte aux cieux, vous y résidez,
si je descends aux enfers, vous y êtes présent. *David, Psaume 138, V. 8.*

Page 8, première partie, vers 6e, *rectifiez*
ainsi : Le sang, contre le sang, s'arme et
se fait la guerre.

Même page, vers 10, *lisez :* S'excitent, sans
remords, à des haînes cruelles.

Page 12, 2e. partie, vers 17 : Ces suberbes
prisons, &c., *lisez :* Ces superbes prisons,
&c.

Même page, vers 24 : Arrêtent dans son cours,
&c., *lisez :* Détournent de leur cours les
sources de la vie.

Page 18, 3e. partie, vers 4 : Je vous donne
la paix qu'aspire l'univers, *lisez :* Je vous
donne la paix promise à l'univers.

Page 32, 5e. partie, vers 8 : Il étudioit &c.,
suprimez : il, et *lisez :* Étudioit &c.

Même page, vers 10 : Que peut seule donner
&c., *lisez :* Que peut seule produire &c.

Page 33, vers 26 : de cris et d'hurlemens
&c., *lisez :* De cris, de hurlemens &c.

Variantes du Discours sur la Vertu.

Page 5, première partie, 3e. et 4e. vers.

Toi qui, d'un bras constant, gouvernes l'univers,
Et vois d'un œil égal les trônes et les fers.

Page 33, vers 10 : L'aurore du soleil , &c.
Dans l'original manuscrit, on lisoit :

Au lever du soleil , la magnifique Aurore
A nos yeux étonnés paroît plus belle encore,
Lorsque, laissant tomber ses pleurs du haut des cieux,
A son fidèle amant elle fait ses adieux.
Spectacle ravissant, spectacle où la nature
Pour saluer le jour prend sa belle parure.

Page 35, 5e. partie, vers 12.

C'est un printemps qui passe, un astre qui s'enfuit
Et ne laisse, après soi, qu'une profonde nuit.

Bouquet dont les six premiers vers sont extraits du commencement de la troisième partie du Discours sur la Vertu. Présenté à un Pasteur, nommé Jean.

Grand par ses qualités, plus grand par sa douceur,
Jean-Baptiste, du Christ l'illustre précurseur,
Annonçant aux humains une force nouvelle,
Devoit rendre à jamais sa mémoire immortelle,
Et de son tendre agneau prédisant les bienfaits,
Nous invitoit d'avance à suivre ses attraits.
O vous ! de ce grand saint la plus parfaite image,
Comme lui vertueux, comme lui doux et sage,
Souffrez, pasteur chéri, qu'en ce jour glorieux,
Entre ce saint et vous nous partagions nos vœux.
A lui nous souhaitons que, du sein de la gloire,
Dans les siècles futurs s'étende sa mémoire,
Et que le jour heureux à son nom consacré
En tout temps, en tout lieu, soit sans fin révéré.
A vous, tendre pasteur, nous souhaitons de même
Et que vous prospériez autant que l'on vous aime.

Autres vers qui ont rapport à ceux du Discours sur la Vertu.

Remercîment de première communion à monsieur Brault, évêque de Bayeux, accompagné de monsieur son frère, 16 juillet 1807, récité par une jeune communiante, en l'église Ste-Trinité de Falaise.

Deux hommes ont sauvé le peuple d'Israël ;
Deux hommes aux Romains ont découvert le ciel.

Deux hommes de l'opprobre ont retiré la France,
Et deux viendront un jour, pour notre délivrance.
Deux frères, en ces lieux, ministres du Très-haut,
Viennent nous consoler et dissiper nos maux.
Le feu de l'Esprit Saint, en ce jour nous embrase
Et vers le firmament nous transporte en extase.
D'un pontife sacré les célestes bienfaits
De notre souvenir ne sortiront jamais.
O pontife divin ! dont la main bienfaisante
Fortifie et soutient notre foi chancelante,
Vous qui, par vos vertus, déjà touchez aux cieux,
Régnez long-temps sur nous, et nous serons heureux.

LA FALAISIENNE,

OU

ABRÉGÉ HISTORIQUE,

EN VERS,

AVEC NOTES,

SUR PLUSIEURS ÉPOQUES REMARQUABLES
CONCERNANT LA VILLE DE FALAISE.

A FALAISE,

Chez BRÉE l'aîné, Imprimeur du Roi, Place Trinité.

M. DCCC. XXVI.

AUX

HABITANS DE FALAISE.

· *MES CHERS CONCITOYENS,*

LORSQU'EN 1814, je publiai les RE-
CHERCHES HISTORIQUES sur Falaise, la
précipitation avec laquelle j'avois rédigé les notes sur ses monumens Celtiques, ne m'avoit pas laissé le loisir
de les ranger dans un ordre aussi exact
que je l'aurois désiré.

Depuis cette époque, jai rectifié ces
notes; et dernièrement je les ai livrées
à l'impression, après les avoir rangées
dans un ordre plus exact, et classées
d'une manière plus simple et plus cor-
recte.

En même-temps, j'ai fait imprimer
quelques additions aux RECHERCHES

HISTORIQUES, ce qui étoit indispensable pour rendre cet ouvrage plus complet.

Enfin, j'ai composé LA FALAISIENNE, accompagnée de notes instructives, chanson historique qui rapporte, en abrégé, plusieurs faits extraordinaires, dont les uns sont uniquement relatifs à cette ville, et dont les autres lui sont communs avec le reste de la France.

J'ai negligé la rime des derniers vers de plusieurs couplets, pour ne pas altérer la précision qui convient, avant tout, au récit historique.

Et, pour être plus intelligible, j'ai choisi le style familier, à l'imitation de celui des Celtes, nos ancêtres, qui récitoient ainsi, par mémoire, les louanges de leurs grands hommes et de leur nation.

A peine ce nouvel ouvrage est-il sorti de la presse, que je vous le dédie tel que je vous dédiai le précédent, et je continue d'être, avec la même affection,

MES CHERS CONCITOYENS,

Votre zèlé et fidèle serviteur ;

LANGEVIN, Prêtre.

AIR NOTÉ DE LA FALAISIENNE.

Les notes en losange (♦) représentent les noires de musique, et les carrées (■) représentent les blanches.

La clef sur la 3.e ligne, est la clef de *Fa*.
Mesure à 2 temps.

LA FALAISIENNE,

CHANSON HISTORIQUE.

Nous ne citons ici que les époques les plus remarquables. Nous les avons mises en vers d'un style simple et naïf, à l'imitation des Celtes nos ancêtres, qui récitoient ainsi les louanges de leur nation.

L'air est noté en face de cette page.

Falaise, ancienne cité
  De Gaule Armorique, (a)
D'Isis avoit emprunté
  Le nom symbolique.
La terre et ses deux fanaux, (b)
Isis avec ses flambeaux, (c)
  Composent Falaise.   *bis.*

(a) Partie maritime et froide des Gaules , entre la Seine , la Loire et l'Océan.

(b) Ces deux fanaux, ou falots, sont le soleil et la lune.

(c) Isis, suivant l'opinion vulgaire des Égyptiens, étoit la terre. Mais, suivant les adèptes, Isis étoit la nature et tous ses luminaires. On lit, dans Plutarque, l'inscription qui étoit sur le pavé du temple de cette déesse, à Saïs : « Je

De tout temps, de ce pays
   La vertu guerrière
Et de Mars et de Thémis
   Porta la bannière ;
Et de toute antiquité
Falaise fut reputé
   Pour aimer la gloire.   *bis.*

César, en peu, subjuga
   La Gaule celtique :
Mais, son bras se fatigua
   Contre l'armorique.
Les fameux Lexoviens (*d*),
Les braves Falaisiens
   Montrèrent leur force.   *bis.*

Enfin, du fougueux César   48 ans
   L'aigle meurtrière   avant J.C.
Subjuga notre étendard
   Et la Gaule entière.

» suis tout ce qui a été, ce qui est, et ce qui sera ;
» et nul d'entre les mortels n'a encore levé mon
» voile. » Saïs étoit voisine d'Alexandrie et de
Neucrates dans le Delta ⋀ que les branches du
Nil forment vers la mer Méditerranée, dans la
Basse-Egypte.

(*d*) Ou Lissuviens, ou Lixuviens, ou Lexo-
biens, Lisieux. Noms dérivés d'Isis.

(7)

Mais, par de nouveaux exploits (*e*)
Nous reconquîmes nos droits
    Sur l'ancienne Rome.   vers l'an 468.

Du pays Oximien,
    L'an mil vingt-huitième, (*f*)   1028.

(*e*) Vers l'an 468 de notre ère actuelle, sous Childeric, lors du démembrement de l'empire Romain.

(*f*) Isismii, ou Osismii, ou Ossimii, (par contraction, Oximii), signifioient aussi, pays d'Isis. C'est le pays Hiémois, ou Exmois, qui étoit renfermé entre la rivière d'Orne et celle de Dive, depuis leur embouchure, sur la mer, jusqu'à leur source, au-delà de laquelle il se prolongeoit jusqu'à la source de la Rille. Sa circonscription se prouve encore de la manière suivante.

Ce pays Hiémois, quoiqu'appartenant, pour le temporel, aux comtes d'Hiesmes, étoit divisé, pour le spirituel, en deux principaux archidiaconés, l'un du diocèse de Séez, contenant 166 paroisses, divisé en cinq doyennés, 1°. de Falaise ; 2°. d'Aubigny ; 3°. de Saint-Pierre-sur-Dive ; 4°. d'Hiesme ; 5°. de Trun. Plus, un trait de l'archidiaconé du Houlme, en deça de l'Orne. *Voyez l'ancien Almanach civil et ecclésiastique du diocèse de Séez, imprimé à Falaise, chez Bouquet, 1789, pages 110—121. Voyez, en tête de nos Recherches Historiques sur Falaise, la dissertation sur l'antiquité de Falaise, pages xiv—xvij.*

Falaise fut le soutien,
  L'arbitre suprême.
Et Robert, contre Richard,
Y planta son étendard   1027 et 1028.
  Sur la citadelle.   *bis.*

L'autre archidiaconé, du diocèse de Bayeux, comprenant 146 paroisses, divisé en trois doyennés, 1º de Troarn ; 2º de Vaucelles ; 3º du Cinglais. *Voyez l'Histoire de Bayeux, imprimée à Caen, chez Manoury, 1773, pages 41 — 49 du supplément, art. Archidiaconatus de Oximio.*

Toutefois, sous Roger de Montgomery, vicomte du Hiémois, devenu, depuis 1045, comte d'Alençon, du Perche, et de la partie méridionale de la ville de Séez, dont l'Orne étoit limite, le Hiémois fut investi d'une certaine jurisdiction sur quelques portions de ces pays situés au-delà de l'Orne, du côté d'Alençon. Mais ces pays ne faisoient point, pour cela, partie de son territoire, tels qu'une forte partie du Houlme, Sainte-Scholasse, Bursart, Moulins-la-Marche, Nogent-le-Rotrou. *Quant au Houlme, voyez les Recherches sur Falaise, première partie, art. XXIII, page 59 et suivantes, et l'Almanach ci-dessus indiqué.* Quant à Gacé (non plus que l'archidiaconé de Lisieux, dont il dépendoit), il ne fit jamais partie du territoire Hiémois, proprement dit. Si quelques-uns, avec Robert Cenalis, l'ont quelques-fois confondu avec ce pays, c'est à cause de la proximité. Orderic Vital nous rapporte que « St.-» Evroult, dans le sixième siècle, ayant quitté

De Robert naquit un fils (*g*)
Le fameux Guillaume ,   1027.

» le monastère des Deux-Jumeaux, près de
» Bayeux, arriva, par le pays Hiémois, au
» lieu nommé Montfort, voisin de deux châ-
» teaux, l'un d'Hiesme, l'autre de Gacé, qui
» attiroient quantité de plaideurs. » Or, ces
deux châteaux, situés à deux lieues l'un de
l'autre, avoient chacun leur comte, ou prési-
dent, auxquels appartenoit le droit de juger ; et
je suis persuadé que celui de Gacé n'appartenoit point au Hiémois, et qu'ils étoient situés
chacun à la frontière de leur pays respectif.

En général, toute la Gaule Armorique étoit
le pays d'Isis, depuis que les Phéniciens lui
eurent enseigné le culte de cette déesse.

Les Latins substituoient souvent l'O à l'I,
et une voyelle à une autre. Virgile dit : *olli
subridens*, pour *illi subridens*. Ainsi l'on a dit :
Osismii, Ossimii, pour *Isismii*. A la campagne,
on dit encore : *olle* au lieu d'elle. De deux ss
ils formoient un x, et lisoient Oximii ; nous
aussi : dans nos anciens cartulaires, il est écrit
Rouxel, pour Roussel.

(*g*) Robert-le-Libéral, frère de Richard III,
au moment de la naissance de son fils Guillaume-
le - Conquérant , n'étoit encore que comte
d'Hiesme et du Hiémois, dont le château de
Falaise étoit la plus forte place. Richard III,
son frère, duc de Normandie, avec lequel il
étoit en mésintelligence, dès l'an 1026, possédoit la ville de Caen, séparée du Hiémois par

Qui comprima les partis
Dans tout son royaume.
De Falaise le château
Fut de ce roi le berceau ,
Son premier asile. (*h*)　　　　　*bis.*

---

la rivière d'Orne. Alors Robert ni les siens ne s'exposoient pas à s'approcher de Caen de trop près , vu que le duc les regardoit d'un mauvais œil.

Robert ne devint duc de Normandie qu'en 1028. Son fils Guillaume, né à Falaise, au Hiémois , en 1027 , étoit alors âgé d'environ un an. Il fut nourri à Falaise. (*Voyez nos Recherches Historiques sur cette ville, première partie, article 1er. pages 27 et 28, et deuxième partie, article 6 , pages 263 et 264, avec les notes.* Il mourut à Rouen, le 8 septembre 1087, âgé de 60 ans. On ne peut contrarier ces vérités, sans fronder la tradition constante et l'histoire de ces événemens , ainsi que la convenance des temps et des circonstances.

(*h*) Au haut bout, *sud*, de la rue du Camp-Ferme , est le château , appelé de toute antiquité Camp-fermant de la Trinité (*Castrum Clausum Trinitatis*). C'est-là qu'Arlette fut conduite, et où elle conçut de suite Guillaume.

Et à l'autre bout *nord*, de la même rue, étoit un manoir appartenant à Robert-le-Libéral, père de Guillaume, où demeuroient ses *ménagers*.

Quand les rois de France furent maîtres de la Normandie , la partie occidentale de ce manoir,

Il força les fiers Normands   1046.
    De le reconnoître.
Puis, il combattit le Mans   1060 et 1061.
    Dont il devint maître.
Puis, il conquit les Anglois   1066.
Et les soumit à ses lois.
    Vive sa mémoire.   *bis.*

---

proche des murs de la ville, fut donnée, vers 1250, aux Cordeliers, par Saint Louis, qui les fonda conjointement avec Pierre de Pont-d'Ouilly, maire de Falaise. *Voyez première partie, de nos Recherches Historiques sur Falaise, art. XVI, page 121*).

La partie orientale de ce manoir, vers la place du marché, consistant principalement en maisons, fut vendue à divers particuliers, en 1669. (*Voyez la fin de l'art. XXI, première partie des mêmes Recherches, page 135.*

Que Guillaume soit né à ce manoir, ou au château, nous laissons aux oisifs à discuter cette question : toutefois il fut baptisé à l'église de la Trinité, et le château fut son principal domicile dès son enfance, tant qu'il demeura à Falaise. Sa chambre favorite, dans le donjon, étoit celle à main gauche, en entrant, à la suite de la chapelle Saint-Sulpice.

L'appartement favori de Robert, son père, étoit le petit édifice carré bâti au bout de ce donjon, sur une roche en précipice, comme nous l'avons dit.

Mil cinq cent quatre-vingt-dix,   1590.
    Année admirable ! (*i*)
Fut témoin d'un fait hardi
    Presque incomparable.
Le château Falaisien,
Qui sembloit ne craindre rien,
    Fut pris dans huitaine. (*k*)   *bis.*

Quelque haut qu'il fut placé,
    Le grand Henri-Quatre,
De haut faits jamais lassé,
    Tenta de l'abattre.
Le canon vint à ronfler, (*l*)

(*i*) Les premiers jours de janvier 1590.

(*k*) Ce château avoit résisté six mois aux généraux de Henri IV, qui prit enfin le parti de venir lui-même en faire le siège, et qui alors dompta Falaise, en sept ou huit jours, parce que les cœurs français ne pouvoient lui résister. (*Voyez nos Recherches Historiques sur Falaise*, 2ᵉ *partie, années* 1589 *et* 1590.

(*l*) C'étoient des canons de 36, dont on a trouvé, dans les fossés du château et du donjon, beaucoup de boulets. La tour neuve du donjon, ou tour Talbot, de forme ronde, bâtie par les Anglais en 1420 — 1422, sous leur roi Henri V, n'a souffert, depuis sa construction, que le siége de Henri IV, roi de France, en 1589 et 1590. Lorque, au grand regret des antiquaires, les

L'eau du pied vint à glacer,
   Henri fit la scène. (*)   *bis.*

---

ouvriers la réparèrent à neuf, vers le sommet, du côté où elle avoit été battue, ils trouvèrent contre cette tour, un boulet de trente-six, que l'on voit enclavé dans une gersure que les autres boulets y avoient faite. Il n'est pas rare de trouver encore de ces boulets dans les fossés du donjon et du château.

M. de Thou se trompe dans son histoire de ce temps-là, s'il assure que c'étoient des couleuvrines dont Henri IV s'étoit servi à ce siège. Il s'est encore trompé ailleurs.

Nous n'avons cité, ici, que les deux principaux sièges connus de ce château. Quant à ceux intermédiaires, voyez nos Recherches Historiques sur Falaise, 1re. partie, art. VI, qui indique : Celui de 1041, par Guillaume-le-Conquérant;

De 1106, par Henri I, roi d'Angleterre;
De 1139, par Geoffroi-Plantagenest;
De 1204, par Philippe-Auguste;
De 1346, par Édouard, roi d'Angleterre;
De 1417 et 1418, par Henri V, roi d'Angl.;
De 1450, par Charles VII;
De 1562, par les Protestans;
De 1568, par Gabriël de Lorges;
De 1589, par les armées de Henri III et de
   Henri IV, durant six mois;
Et de 1590, par Henri IV, lui-même.

(*) Henri fit la scène. C'est le propre mot d'Henri IV.

Après avoir pris Falaise d'assaut, et l'avoir

Falaise, de ce moment,
  A ses chefs docile,
Jouit avec agrément
  D'un sort plus tranquille.
Il hait les dissensions
Rejette les factions
  Loin de son asyle.   *bis.*

Quand d'un sénat révolté
  Le roi Louis-Seize
Éprouva la cruauté
  L'an quatre-vingt-treize ; (*m*)   1793.
Nul de nos représentans (*n*)
N'approuva ces noirs tyrans,
  Fléaux de la France.   *bis.*

---

laissé piller par ses troupes, à la réserve de la rue du Camp-Ferme, il écrivit à Gabrielle d'Estrée : « J'ai fait la scène à Falaise ; mais, » ce n'étoit pas une Cène telle que nous la faisons » dans nos temples. »
Voyez la collection de ses Lettres à la grande Bibliothèque de Paris.

(*m*) Le 21 janvier 1793, jour Ste.-Agnès.

(*n*) Falaise avoit trois représentans à cette Convention. MM. Legot, Vardon, et Henri Larivière. Aucun ne vota la mort.
  M. Legot, écrivant à madame D.... à Falaise, lui dit : Louis XVI, appelé à la barre de la Convention, s'est expliqué très-bien, très-judicieuse-

Notre jeune député ,
   Henri Larivière ,
Parle avec grande clarté
   A la chambre entière
Cruels ! montrez-moi la loi
Qui dit d'égorger mon roi !
   Sauvons Louis-Seize.   *bis.*

Quand le roi fut égorgé ,
   Le club de Falaise

---

ment, et avec fermeté .... mais c'est une victime qui s'explique devant ses bourreaux......... il a contre lui tant d'intriguans acharnés , qui croient faire fortune en votant sa perte , que je désespère de son salut. Quant à moi , je ne voterai certainement pas sa mort. Si je le faisois, je mentirois à ma conscience , à la justice et à l'humanité , et je coopérerois au déshonneur de la France.

M. Vardon ne regardoit pas la Convention compétente pour s'ériger en tribunal contre son roi.

Cet acte seul de nos trois Députés Falaisiens élève Falaise et ses représentans au-dessus de toute espèce de reproche.

Fauchet ! Fauchet, lui-même , évêque constitutionnel du Calvados , écrivit , dans son journal de la Bouche de Fer : Je m'écrierai toujours contre cet acte d'atrocité, jusqu'à ce que les monstres m'égorgent. Et, quand il fut près de succomber sous leur hache , il se rétracta publiquement de ses erreurs constitutionnelles.

(16)

Des Jacobins prit congé,
　　Et soutint sa thèse. (*)
Buveurs de sang ! vils intrus !
Nous ne fraternisons plus
　　Avec la Montagne.   *bis.*

Les Jacobins, mécontens
　　De la Normandie,
A ces mots, grincent des dents,
　　Montrent leur furie.
Roberspierre, le premier
Et son conseil meurtrier,
　　Proscrivent Falaise.   *bis.*

Mais, ce colosse effrayant
　　Qui minoit la France,
D'un autre parti naissant (o)
　　Subit la vengeance.   28 juillet 1794.

(*) Ce club brûla, sur la place publique, leurs correspondances, et leur en envoya les cendres.

(o) Le 28 juillet 1794, Roberspierre guillotiné. Depuis la mort de Roberspierre, les partis, tantôt faisoient les bons, tantôt s'entre rongeoient d'une manière désolante. Mais Napoléon Bonaparte, natif de l'île de Corse, après avoir dissous le Conseil des Anciens, à Saint-Cloud, le 9 novembre 1799 (18 brumaire an VIII de la République), se fit créer, de suite, provisoirement premier Consul. Alors la Répu-

Arrive Napoléon
Qui s'empare sans façon   9 9.bre 1799.
    De la République.   *bis.*

Maître, il releva soudain
    L'autel et le trône,   1800 1801.
Et, d'une intrépide main,
    Saisit la couronne.
Le ciel ainsi le vouloit ;
Pour d'autres il travailloit,
    Contre son attente.   *bis.*

Ce fameux Napoléon
    D'humeur trop guerrière,
Et dont le fatal renom
    Fit trembler la terre.
Prétendoit, dans ses transports
Aux Anglais fermer les ports
    De l'Europe entière   *bis.*

---

blique française, qui datoit du 22 septembre
1792, expira. Depuis cette époque, elle ne
subsista plus que de nom, qui fut bientôt changé
en celui d'empire Français, et, suivant certaines
prédictions, consignées dans l'histoire, il ne
cessa d'être en guerre avec l'Europe que quand
il abdiqua définitivement, le 22 juin 1815, et
se livra aux Anglois qui l'envoyèrent dans l'île
Sainte-Hélène, où il mourut le 5 mai 1821.

Neptune, avec son trident,
    S'agite et s'écrie :
Ah ! quel est cet insolent
    Dont le noir génie
Tient tant de sceptres en main ?
Aquilons ! volez soudain
    Contre son armée. *bis.*   le 7 9.bre 1812.

Borée, armé de ballons
    Souffle à perdre haleine.
Hommes, chevaux et caissons
    Restent dans la plaine.   do Moscou.
Tout est gelé, morfondu :
Ce malheur nous est bien dû,
    Sauvons-nous en France.   *bis.*

Ce guerrier, vers nos climats
    Dirigeant sa route,
Et qu'un invisible bras
    Conduisoit, sans doute, (*p*)

(*p*) Allant à Cherbourg, Napoléon avoit tra-
versé rapidement la ville de Falaise, le 22 mai
1811, à huit heures du soir. Mais, le 31 du
même mois, lors de son retour, il s'y arrêta
trois quarts d'heure, entre une et deux heures
d'après midi, pour se raffraîchir au château de
la Frenaye. Il venoit de recevoir, à l'entrée de
la ville, de mauvaises nouvelles de l'armée d'Espagne. — Cherbourg passe pour sinistre aux

A son retour de Cherbourg,
Passant par Falaise, un jour,   31 mai 1811.
    Noùs fit la grimace. (*q*)   *bis.*

Mais Louis-le-Désiré,
    Louis dix-huitième,
De tout son peuple aspiré,
    Nous chérit, nous aime.
Il nous présente une fleur   Avril 1814.
Qui ravit par sa blancheur;   Juin 1815.
    C'est le lys lui-même.   *bis.*

Français! autour de ce lys
    Vivons en bons frères.
Plus de fiel, plus de partis,
    Soyons francs, sincères.
Grand Dieu! donne-nous la paix,

---

chefs de France qui vont le visiter. Les malheurs
de Louis XVI commencèrent aussitôt qu'il eut
visité Cherbourg, ceux de Napoléon aussi. De
même, la ville de Lyncoln, suivant Gabriël du
Moulin, passe pour funeste aux rois d'Angleterre qui y voyagent.

(*q*) Les musiciens de Falaise s'efforçoient de
distraire Napoléon de ses noirs soucis, par des
airs gais. Mais il leur fit dire de se taire. Quand
il vit qu'ils ne se taisoient pas, il fit ordonner
aux lanciers de sa garde de faire leur devoir.
Alors, nos musiciens se retirèrent confus.

Veille au salut de nos rois !
  Protège la France !   *bis.*

Chers Français ! du haut des cieux
  La paix descendue,
Enfin paroît à nos yeux
  Et nous est rendue.   1815.- 1816.
Un monstre au meurtre nourri
De rage frappe Berri
  D'un fer patricide. *bis.*   12 février 1820.

Mais Michel nous a donné
  Un prince admirable ,   29 7.bre 1820.
De Berri le dernier né ,
  Prodige ineffable ! (r)
Nous entendons le canon !
Vive le royal Bourbon
  Et la dynastie.   *bis.* -

(r) Le 29 septembre 1820, jour Saint Michel, naissance de monseigneur le duc de Bordeaux, fils posthume du duc de Berri, assassiné, le 12 février précédent, par Louvel, qui ne prévoyoit pas la grossesse de l'épouse de ce prince généreux qui, au lit de la mort, pardonna à son assassin. Digne neveu de Louis XVI qui, mourant sous la hache révolutionnaire, avoit aussi pardonné à ses assassins.

C'est ici le lieu de faire l'application des vers suivans, que je n'avois pas fait entrer dans mon

Que vois-je ? Ces fiers Français
    Sous un maître extrême,
Jadis, refusant la paix !
    Mais, sous d'Angoulême,   1823.
Ils marchent sur les mutins, (s)
Otent leur roi de leurs mains,
    Lui rendent son trône.   *bis.*

---

discours sur la Vertu, quand je le publiai, en
1804 ; mais, qui peuvent convenir à cette cir-
constance.

  Il n'est aucun objet, dans la nature entière,
Aucun être existant, qui n'ait son adversaire.
Le ciel même a le sien : l'enfer présomptueux
Sans cesse lui vomit ses implacables feux ;
Et tel qu'un vil serpent, contre une aigle éclatante,
Il dirige vers Dieu sa rage menaçante.
Mais, d'un bras vigoureux, l'archange Saint Michel
Réprime les efforts de ce monstre cruel,
Et dans un gouffre affreux soudain le précipite.
Grand Saint ! préservez-nous de sa haîne maudite ;
Et brisez, pour jamais, le funeste aiguillon
De ce fier ennemi, de ce vil scorpion.

  (s) En 1823, les mutins d'Espagne, à l'arrivée de monseigneur le duc d'Angoulême, et
de cent mille Français, emportèrent Ferdinand
VII, leur roi, de Madrid à Seville ; puis, pressés
vivement, ils l'emportèrent à Cadix ; puis, le
premier octobre 1823, pressés plus vivement
encore dans leurs retranchemens, ils le remirent

Descendans de Saint Louis,
   Pleins de bienveillance,
De vos sujets attendris
   Voyez l'affluence.
Nous sommes tous vos enfans,
   Régnez, nous serons contens, (*t*)
   Régnez sur la France.   *bis.*

1825

---

aux mains de S. A. R. Mgr. le duc d'Angoulême, qui le replaça sur le trône à Madrid.

(*t*) Le 29 mai 1825, sacre de S. M. Charles X, frère et successeur de Louis XVIII, mort le 16 septembre 1824, et dont la manière de gouverner fut un ouvrage profondément réfléchi, dans ces temps difficiles, à cause des deux extrêmes qui furent en grande effervescence.

La Révolution française nous a confirmé qu'un extrême provoque un autre extrême.

Est modus in rebus, sunt certi denique fines,
Quos ultra, citràque nequit consistere rectum.

             HORAT. *Satyr. lib. 1, v. 106.*

Dans tout il existe un tempérament et des limites certaines, au-delà et en deçà desquelles le bien ne peut se tenir.

FIN.

www.ingramcontent.com/pod-product-compliance
Ingram Content Group UK Ltd.
Pitfield, Milton Keynes, MK11 3LW, UK
UKHW020021100726
13658UKWH00003B/1018